Barbara Metz
John Burchill

Enneagramm und Gebet

Barbara Metz
John Burchill

Enneagramm und Gebet

Sich selbst vor Gott erkennen

Herder
Freiburg · Basel · Wien

Titel der Originalausgabe
The Enneagramm and Prayer. Discovering our True Selves Before God
Dimension Books, Inc., Denville, New Jersey
© Barbara Metz und John Burchill, 1987

Aus dem Amerikanischen übersetzt von
Michaela Gerberich

Den Mitarbeitern des
St. Stephen's Spiritual Life Center
in Dover, Massachusetts, gewidmet,
mit denen wir im Dienst am Glauben
und an der Güte stehen.

Dank

Dieses Buch ist das Ergebnis denkerischer Arbeit. Die Persönlichkeitstheorie des Enneagramms war ein Teil dieser Arbeit. Doch hätte dieses Buch nie geschrieben werden können, wenn wir nicht am Glauben, am Ringen und an der Lebenserfahrung der Frauen und Männer Anteil gehabt hätten, die uns in den Jahren der Beschäftigung mit dem Enneagramm begegnet sind. Für die Aufrichtigkeit ihres Lebens und die Echtheit ihrer Suche sind wir dankbar. Sie haben uns für unsere Arbeit und unser persönliches Wachstum viel bedeutet.

Dankbar erinnern wir uns an Trevor D'Sousa SJ, der Barbara das Enneagramm während der Jahre ihres Dienstes in Kenia näherbrachte. Er begründete ein Interesse, ein Fragen und ein Suchen, das dieses Buch erst möglich machte.

Unser Dank gilt auch Sr. Regina Slowe OSF für die freundliche und großzügige Bereitschaft, das Manuskript des Buches zu tippen.

Unsere eigenen Mitarbeiterinnen Pamela Hamerski, Kay Walsh und Phillis Cavan halfen uns, die Termine einzuhalten, als die Zeit zur Fertigstellung des Manuskriptes drängte.

Inhalt

Einführung

„Viele Male und auf vielerlei Weise hat Gott einst zu den Vätern gesprochen durch die Propheten; in dieser Endzeit aber hat er zu uns gesprochen durch den Sohn" (Hebr 1, 1–2).

Wer sind diese Propheten, von denen der Text spricht? Wir würden sagen, ein Prophet ist jemand, der die Wirklichkeit im Lichte von Gottes Wahrheit beim Namen nennt. Diese Erkenntnis hat uns in den letzten Jahren zu einer demütigen Hochachtung vor Traditionen geführt, die anders als unsere eigene, jüdisch-christliche sind.

Wir haben gelernt, in besonderer Weise die Weisheit des Ostens zu achten; zu den Schätzen, auf die wir dabei gestoßen sind, gehört auch das Enneagramm.

Das Enneagramm ist eng verbunden mit der muslimischen Tradition und hier besonders mit der der Sufis, auch wenn es wahrscheinlich noch älter ist als diese.

Erst nach und nach wurde das Enneagramm in den letzten Jahren entdeckt, als Frauen und Männer damit begannen, sich in geistliche Traditionen zu vertiefen, die nicht ihre eigenen waren. Über Seminare und zunächst nur begrenzt vorhandenes schriftliches Material hat es schließlich begonnen, sich zu verbreiten.

Wir selbst arbeiten seit 1982 mit dem Enneagramm; wir haben immer versucht, es so zu gebrauchen, daß es Menschen hilft, zu einem Mehr an Freiheit und Ehrlichkeit vor Gott zu gelangen. Wir haben selber erlebt, wie schwer es vielen Menschen fällt, in der grundlegendsten aller Beziehungen, in der Beziehung zu Gott, ganz da zu sein. In diesem Buch möchten wir unsere Überlegungen so zusammenführen, daß es praktische Anwendungen finden kann.

Sie sollten dieses Buch nicht einfach nur durchlesen und dann wieder beiseite legen. Wir verstehen es als ein Handbuch, als eine Art Führer zu Wegen der inneren Sammlung und neuen Gebetsformen. Schließlich enthält es für jeden Persönlichkeitstyp Stellen aus der Heiligen Schrift, die ihm entsprechen.

Das Buch richtet sich an all diejenigen, die die Reise nach Innen ernsthaft antreten und durchlässiger vor Gott stehen wollen. Auch für geistliche Begleiter/innen und für Menschen, die Exerzitien begleiten, wird es eine gute Hilfe sein, die Welt der von ihnen betreuten Menschen zu verstehen.

In das Enneagramm einführen möchte dieses Buch nicht. Wir gehen davon aus, daß die Leser/innen das Enneagramm bereits in einem Kurs kennengelernt oder eines der einschlägigen Einführungswerke gelesen haben.

TEIL I

HINFÜHRUNGEN

Erstes Kapitel

Ein Fall für das Enneagramm

„Es war die beste aller Zeiten und die schlimmste aller Zeiten" – so umschrieb Charles Dickens das England des neunzehnten Jahrhunderts zur Zeit der industriellen Revolution und seine eigenen Erfahrungen damit. Diese Worte eignen sich aber auch durchaus, die zwei Seiten unserer Situation in der Welt von heute zu charakterisieren. Jeder, der unsere Zeit kritisch beobachtet und beurteilt, wird in ihr deutliche Zeichen finden, die Gutes oder Böses kräftig widerspiegeln. Wenn wir die Erfahrung gemacht haben, daß das Enneagramm einen positiven Beitrag zur persönlichen Reifung leistet und damit auf die Welt trifft, wie wir sie kennen, dann müssen wir mit einer Zustandsbeschreibung der Welt von heute beginnen.

Einerseits leben wir in der „besten aller Zeiten". Der menschliche Erfindungsgeist und unsere Kreativität haben erstaunliche Fortschritte im technologischen Bereich erzielt, sei es auf dem Gebiet der Kommunikations- und Verkehrsmittel oder auf dem Feld der medizinischen Versorgung, um nur einige Beispiele für den enormen Wandel zu nennen, die der wissenschaftliche Fortschritt gebracht hat. Unsere Vorfahren vor hundert Jahren etwa haben einander Briefe geschrieben oder höchstens telegraphiert, reisten mit dem Zug oder der Postkutsche, und wenn sie sich ärztlich untersuchen ließen, so geschah das, indem der Arzt sie sich ansah, sie abtastete und einfache medizinische Instrumente anwandte. Heute unterhalten wir uns mittels Konferenzschaltungen via Satellit rund um die ganze Welt, reisen mit dem Flugzeug, Hochgeschwindigkeitszügen oder mit dem Auto, und uns stehen Röntgen-, Ultraschall- und andere Untersuchungsmethoden zur Verfügung, um unseren Gesundheitszustand festzustellen. Menschen und Völker haben sich in Bewegungen zusammengeschlossen, die gegen politische oder wirtschaftliche Unterdrückung kämpfen, und in den meisten westlichen Ländern gibt es Organisationen, die für die Gleichberechtigung von Minderheiten streiten und Bewegungen von Frauen, die sich für ihre persönliche, gesellschaftliche, politische, wirtschaftliche und manchmal auch für die Freiheit auf religiösem Gebiet einsetzen. In Lateinamerika sind kleine Gemeinschaften (Basisgemeinden und Gruppen, die das Evangelium zum Maßstab ihres Handelns machen) in Zeiten vielfältiger Unterdrückung für die christlichen Gemeinden zur Quelle lebendiger Hoffnung geworden. In Südafrika haben die Schwarzen das System der Apartheid zu Fall gebracht, und die Bischofskonferenzen in den USA und anderswo haben gegen die gefährliche Politik des nuklearen Wettrüstens und die Rolle der Wirtschaftskonzerne in der Verschuldungskrise ihre Stimme erhoben.

Auf der anderen Seite leben wir auch in der „schlimmsten aller Zeiten". Weltweit lauten die Schlüsselworte am Ende des zweiten Jahrtausends Spaltung und Trennung, nicht Frieden und Einheit. Die Schere zwischen denen, die haben, und denen, die nicht haben, war nie größer, und die Länder der nördlichen Erdhalbkugel vereinen nicht nur den Großteil der wirtschaftlichen und militärischen Kräfte auf sich, sie kontrollieren auch weltweit achtzig Prozent der Energieressourcen und Bodenschätze. Zwar hat sich die nukleare Bedrohung durch Abrüstung und den Zusammenbruch der kommunistischen Regimes zunächst entschärft, aber immer mehr kleinere Nationen werden in Zukunft in der Lage sein, bei dem lebensbedrohenden Spiel mit Vernichtungswaffen mitzumischen, und der zunehmende Nationalismus bestimmt mehr denn je Politik und Handeln der Völker rund um den Erdball. Keine internationale Organisation war imstande, die ehemalige Sowjetunion wegen ihrer zu langsamen Aufklärung des Reaktorunfalls von Tschernobyl, der die Lebensgrundlagen ihrer Nachbarstaaten bedrohte, zur Verantwortung zu ziehen, oder die USA davon abzuhalten, den Contras in Nicaragua militärische Hilfe zu leisten, was das Mißfallen vieler Länder in Mittel- und Südamerika hervorrief. Eine genaue Analyse der Ursachen unserer gegenwärtigen Situation würde den Rahmen dieses Buches sprengen; dennoch würden wohl wenige abstreiten, daß ein übermäßiger Individualismus, Konkurrenzkampf und nationalistische Tendenzen zu den primären Ursachen zumindest eines Teils der von uns erwähnten weltweiten Kämpfe zählen.

In vielen Industrienationen können wir einen alarmierenden Anstieg der Scheidungsraten beobachten. In den USA wird nahezu jede zweite Ehe wieder geschieden. Das betrifft auch katholische Christinnen und Christen: Auch hier erreicht die Scheidungsquote nahezu das gesamtstaatliche Mittel. Zudem haben seit den sechziger Jahren zahlreiche Priester ihr Amt aufgegeben und viele Ordensleute ihre Gemeinschaften verlassen. Der Wert dauerhafter Bindungen ist in unserer Gesellschaft in Frage gestellt; viele Familien leiden unter finanziellem Druck, was dazu führt, daß oft beide Partner arbeiten gehen. Die Eltern können sich ihren Kindern weniger widmen, und „Schlüsselkinder" sind ein weitverbreitetes Phänomen. Der Drang nach sozialem Aufstieg erhöht den Druck auf die Familien: jede Generation versucht, den Lebensstandard ihrer Vorfahren zu erhalten oder zu verbessern. Das hat leider auch zur Folge, daß unsere Gesellschaft immer weniger Freundlichkeit kennt, der Wert von familiären Beziehungen abnimmt und ausgeprägte familiäre Bindungen, die in vielen weniger entwickelten Ländern vor allem Afrikas noch das Leben bestimmen, schwächer werden. Hunger und Heimatlosigkeit sind nackte Tatsachen bei uns und überall. In der katholischen Kirche wie auch in anderen Kirchen und Glaubensgemeinschaften wird die Schere zwischen Glaubenslehre und Glaubensleben immer breiter – Theologen verlieren ihre Lehrerlaubnis, Bischöfe werden in ihrer Rolle als Lehrer der Kirche beschnitten, und die Einführung der Frauenordination ließ zahlreiche anglikanische Gläubige ihre Kirche verlassen.

In dem Bemühen, unsere gegenwärtige Lage zu verbessern, sind viele verschiedene Wege beschritten worden. Psychologie, Wirtschaft, Politik und andere bemühen sich um eine Lösung die Problematik. Einige dieser Lösungsversuche gehen von einer einseitigen Sicht der menschlichen Person aus und lassen die spirituelle Veranlagung des Menschen völlig außer acht. In dieser beschränkten Perspektive erscheinen Frauen und Männer dann als „Verbraucher", „Arbeitskräfte" oder „Fremde" (fremd wegen ihrer Rasse, ihres Glaubens, ihres Geschlechts oder ihrer nationalen Zugehörigkeit). Wir, die wir in der christlichen Tradition stehen, sehen Spiritualität als etwas, das das Ganze des menschlichen Lebens umgreift und das Wirken des Geistes Gottes in unserem Leben wahrnimmt.

In jahrelanger seelsorgerlicher Arbeit ist uns das Enneagramm vertraut geworden. Wie ein schlafender Riese ist es in unserer Zeit langsam wieder erwacht[1] und aus dem Schatten der Geschichte herausgetreten. Das Enneagramm

---

[1] Wir empfehlen die Teilnahme an einem der zahlreichen Einführungskurse zum Enneagramm; hilfreich ist auch Beesing/Nogosek/O'Leary, Das wahre Selbst entdecken. Eine Einführung in das Enneagramm, Würzburg 1992.

als Einsicht in die menschliche Persönlichkeit war in der moslemischen Tradition von den Sufi-Mystikern an ihre Schüler weitergegeben worden; doch haben sie es höchstwahrscheinlich nicht erfunden. Unsere eigenen Erfahrungen mit dem Enneagramm und seine Verwendung in zahlreichen geistlichen Zentren haben gezeigt, wie gut es sich auf die Menschen im allgemeinen anwenden läßt und nicht nur für eine begrenzte Gruppe von Leuten geeignet ist. Wir teilen die Meinung vieler, daß das Enneagramm dabei helfen kann, das Bild, das Gott von uns als einzelnen und als Gemeinschaft hat, zu erkennen und wachsen zu lassen.

Die jüdisch-christliche Tradition sieht den Menschen als Ebenbild Gottes. Darum ist jeder Mensch einzigartig und unersetzbar, mit seinen je eigenen Stärken und Schwächen. Ausgestattet mit vielfältigen Gaben und Fähigkeiten, sind wir doch auch zerrissen von Schwachheit und Sündhaftigkeit. Gott will uns als „Menschen, die in Fülle leben". Und gleichermaßen will dieser unser leidenschaftlicher Gott, daß die gesamte Menschheitsfamilie in Einheit, Frieden und Gerechtigkeit miteinander lebt. Das Gebet Jesu, das Vaterunser (Mt 6,9–13) ist eine Zusammenfassung dessen, was Gott mit uns vorhat und wonach er sich sehnt: daß Gerechtigkeit, Liebe, Friede und Wahrheit in ihrer ganzen Fülle herrschen.

Die persönliche Ebene

Als geistliche Begleiterinnen und Begleiter, die mit dem Enneagramm arbeiten, haben wir es als heilsam für die persönliche, die zwischenmenschliche und die gesellschaftliche Ebene menschlicher Existenz erfahren. Eine Grundfrage, die sich Menschen auf ihrem Wege stellen, lautet: „Wer bin ich?" Die neuere Entwicklungspsychologie hat sich mit den verschiedenen Nuancen befaßt, in denen diese Frage in verschiedenen Stadien des menschlichen Weges auftaucht. Die meisten der Menschen, mit denen wir in Einzel- oder Gruppengesprächen arbeiten, sind dreißig Jahre oder älter. Sie haben einiges an Lebenserfahrung und oft auch Erfahrung in Beratungsgesprächen. Wie gut sie sich selbst auch kennen mögen, die Klarheit, die sie erreichen, wenn sie ihre Persönlichkeit im Enneagramm gefunden haben, geht immer noch ein Stück tiefer, und das Bewußtwerden der eigenen Person, das in ihnen aufbricht, ist wie ein „Licht, das das eigene Kämmerchen erhellt". Selbsterkenntnis ist etwas, auf das wir in unserem menschlichen und geistlichen Reifungsprozeß nicht verzichten können.

Dag Hammarskjöld, der ehemalige Generalsekretär der Vereinten Nationen, wies mit großer Einsicht darauf hin, daß wir Spezialisten in der Erforschung des Weltraumes geworden sind, aber keine vergleichbaren Fähigkeiten entwickelt haben, die Räume unseres Innern zu erforschen: „Die längste Reise ist die Reise nach innen"[2]. Das wahre Selbst, das wir entdecken sollen, ist das Bild Gottes, sein Wort, das jede und jeder auf einzigartige Weise darstellt – das aber in den Tiefen der eigenen Person verborgen ist. Im Laufe dieser Reise nach innen werden wir uns nicht nur unseres bewußten Selbsts gewahr, sondern auch seiner unbewußten Seiten, die fremd vergessen und jenseits unserer Bewußtseinskontrolle liegen. Genau wie das Selbst bedürfen auch die unbewußten Dimensionen der Persönlichkeit der Heilung und Befreiung, um heil und ganz zu werden. Teilhard de Chardin schreibt dazu in einem eindrucksvollen Abschnitt von „Das Göttliche Milieu":

---

[2] Dag Hammarskjöld, Zeichen am Weg, München/Zürich 1965, 38.

„Dringen wir in das Verborgenste unserer selbst. Sehen wir uns unser Sein von allen Seiten an. Bemühen wir uns eingehend, den Ozean der erlittenen Kräfte wahrzunehmen, in die unser Wachsen gleichsam eingetaucht ist. (...) So habe ich also, vielleicht zum erstenmal in meinem Leben [ich, der ich alle Tage meditieren sollte], die Lampe genommen, und so bin ich, den anscheinend hellen Bereich meiner alltäglichen Beschäftigungen und Beziehungen verlassend, in das Innerste meiner selbst hinabgestiegen, in den tiefen Abgrund, aus dem, das spüre ich verworren, mein Handlungsvermögen hervorgeht. Doch in dem Maße, wie ich mich von den konventionellen Evidenzen entfernte, die das soziale Leben oberflächlich erhellen, wurde ich mir darüber klar, daß ich mir selbst entglitt. Mit jeder hinabgestiegenen Stufe zeigte sich in mir eine andere Gestalt, deren genauen Namen ich nicht nennen konnte und die mir nicht mehr gehorchte. Und als ich meine Forschung einstellen mußte, weil der Weg unter meinen Schritten fehlte, lag zu meinen Füßen ein bodenloser Abgrund (...) Und wenn etwas gerettet hat, so war es das Vernehmen der (...) Stimme aus dem Evangelium, die zu mir aus der tiefsten Nacht sagte: „Ego sum, noli timere." (Ich bin es, fürchte dich nicht.)"[3]

Dieser Abschnitt erinnert uns daran, daß ein wesentlicher Schlüssel zur Selbsterkenntnis und zum geistlichen Wachstum das Gebet ist. Im echten Gebet gelangen wir von einem eher rationalen und wortreichen Bewußtsein hin zu einer tieferen und eher intuitiven Achtsamkeit, so wie Teilhard es beschreibt. Eine weitgehend akzeptierte

[3] Pierre Teilhard de Chardin, Das Göttliche Milieu (Ders., Werke II), Olten [7]1969, 71–74.

Erklärung dafür bietet die sogenannte „Filtertheorie"[4]: Unser Gehirn und Nervensystem sind mit „Filtern" beziehungsweise Sperren ausgestattet, die verhindern, daß die ganze Wirklichkeit in unser Bewußtsein dringt, und die nur das durchlassen, was wir als Menschen zum Überleben brauchen. Unsere Filter schirmen Wirklichkeit von uns ab und fungieren als Hemmungsmechanismus, dessen Aufgabe es ist, dasjenige Wissen am Eintreten zu hindern, das uns überschwemmen würde. Da wir zuviel Wirklichkeit nicht ertragen können, muß dieser Schutzschild Wege finden, Dinge für uns auszuschalten. Wenn diese Sperren entfernt werden, weitet sich der Verstand. Sie heben sich bei dem Konsum von Drogen, brechen vielleicht auch bei bestimmten Geisteskrankheiten zusammen; bei Menschen, die die Gabe der Telepathie oder des Hellsehens besitzen, sind sie durchlässiger. Auch das Beten ist eine natürliche menschliche Weise, die Schranken zu öffnen, die Wirklichkeit hereinzulassen und den Verstand zu weiten. Im allgemeinen vollzieht sich dieser Prozeß schrittweise; beim täglichen Beten werden die Schranken ganz langsam gehoben, und eine größere Wirklichkeit dringt nach und nach in das Bewußtsein ein. Zuweilen geschieht es allerdings auch, daß die Schranken sich schneller heben und es zu einer großen Erleuchtung kommt.

Diese Selbsterkenntnis geht nicht ohne Schmerzen ab, und deshalb suchen wir Menschen Zuflucht in Beziehungen, Arbeit, Süchten und anderem, das uns davor schützt, die Wahrheit über uns selbst anschauen zu müssen. So erstrebenswert es in der Theorie erscheint, die Wahrheit anzunehmen, so gibt es doch etwas in uns, das der Wahrheit widerstrebt. Das Enneagramm ist vielen zu einer Hilfe geworden, die eigenen Begabungen zu erkennen und die je

---

[4] Claudio Naranjo / Robert E. Ornstein, On the Psychology of Meditation, New York 1979, 170 ff.

eigene Art ihres Mühens und die eigene Wurzelsünde zu benennen. Diese Einsicht wurde für viele zu einer Art Katalysator, der den Prozeß der Selbstannahme in Gang setzte. Selbstannahme bedeutet zunächst: vertraut zu werden mit den eigenen Gaben und Zwängen, mit Licht und Dunkelheit in mir. Neue Kräfte werden frei, weil der Mensch nicht mehr länger danach streben muß, anders zu sein als er ist. Wer einen gesunden Humor mit Blick für die eigenen Fehler und Sünden entwickelt hat, kann den in sich verborgenen Schatz leichten Mutes annehmen. Nun kann ich mich in meinem Innern als jemanden annehmen, der auf einem Weg und im Wandel befindlich ist, und muß nicht länger ein Bild von mir aufbauen und dann verteidigen. Gott kann am besten an uns arbeiten, wenn ‚unser Lehm noch feucht ist'. Der heilige Irenäus hat das prägnant formuliert: „Nicht du formst Gott – Gott formt dich. Wenn du also Gottes Werk und Geschöpf bist, warte die Hand des Künstlers ab, der alles zur rechten Zeit tut. Biete ihm dein Herz, weich und gut zu bearbeiten und bewahre es so, wie er es gestaltet. Halte deinen Lehm feucht, damit du nicht hart wirst und den Abdruck seiner Finger verlierst."

Die zwischenmenschliche Ebene

Unsere Zeit ist an allem interessiert, was mit zwischenmenschlicher Beziehung und dem Zusammenleben von Menschen zu tun hat. Mehr und mehr verstehen wir, daß wir eine Weise finden müssen, wie wir auf diesem übervölkerten Planeten miteinander leben können, ohne einander zu zerstören. In der Folge sind in den letzten Jahren neue Formen des Zusammenlebens entstanden sowie Kurse für Sensibilität, Gruppenerfahrung und Kommunikationsbefähigung aus dem Boden geschossen. Auch Intimität ist ein Thema, das in letzter Zeit zunehmend im Mittelpunkt steht. Unter Intimität versteht man im allgemeinen einen Zustand größerer menschlicher Reife, und ohne sie ist eine Ehe heutzutage nicht vorstellbar. Intimität schließt die Fähigkeit mit ein, die eigenen Gedanken, Gefühle, Vorhaben und Sichtweisen offen und vertrauensvoll mit anderen zu teilen. Wer sich selbst erkannt und auch andere durch das Enneagramm besser kennengelernt hat, indem er sein Wissen annimmt und im Gebet betrachtet, der ist in zwischenmenschlichen Beziehungen in der Lage, die anderen neu zu schätzen und anzunehmen. Wenn wir die anderen nach unserem Maß beurteilen, geschieht es immer wieder, daß uns Sätze herausrutschen wie: „Das hätte ich nicht gedacht / gefühlt / getan." Statt den anderen in Achtung zu begegnen, wollen wir sie nach unseren Vorstellungen gestalten. Wenn man mit dem Enneagramm arbeitet, beginnt man zu sehen, wie verschieden andere tatsächlich sind. Neun ganz verschiedene Grundstrukturen von Persönlichkeit begegnen uns in den Menschen dieser Erde, und alle tragen sie verschiedene Masken, Motivationen und fühlen sich von anderen Dingen angezogen. Wir verstehen nun auch besser, warum wir mit manchen Leuten eine gleiche Wellenlänge haben: einige Persönlichkeitstypen kann ich viel besser verstehen und akzeptieren als andere, weil da ganz natürliche Kräfte zwischen uns fließen; mit anderen habe ich es schwer, weil da Antipathien und negative Gefühle in mir aufkommen.

Die Einsicht in das menschliche Wesen, wie das Enneagramm sie uns bietet, kann uns helfen, dem großen Gebot der Liebe in unserem Leben weiteren Raum zu geben; denn dieses Gebot beruft uns zu mehr als einem bloßen Tolerieren der Begabungen und Zwänge der anderen. Als Christen gilt uns die Herausforderung, Geduld und wirkliches Mitleiden mit anderen zu entwickeln, die sich ganz anders durchs Leben kämpfen müssen als wir. Dieses neue Verständnis, das wir für andere entwickeln, kann auch in Beziehungen, im seelsorgerlichen Dienst füreinander und im Arbeitsleben Frucht tragen. Unsere Unterschiede stehen den Erwartungen gegenüber, daß jede und jeder alles tun kann oder können sollte. Jetzt sehen wir die verschiedenen Gaben, die Menschen als Organisatoren, Friedensstifter, Idealisten, Propheten usw. auszeichnen. Diese Sichtweise macht uns fähig, Begabungen und Stärken zu unterscheiden und die einzigartigen Fähigkeiten unserer Freunde oder Mitarbeiter zu fördern.

Die gesellschaftliche Ebene

Robert Bellah und seine Mitarbeiter haben in *Habits of the Heart*[5], einem 1985 erschienenen Bericht über die amerikanische Kultur, verfolgt, wie die amerikanische Tradition der Zusammenarbeit unter dem zersetzenden Einfluß des Individualismus immer mehr dahinschwindet. Der Individualismus hat vieles an produktiven Kräften freigesetzt, aber in seinen schlimmsten Formen führt er zu ansteckender Habgier, zu Selbstsucht und zur Ablehnung von Verantwortung für die Gemeinschaft. Diese neue Gesinnung steht in krassem Widerspruch sowohl zur Tradition der Bibel wie auch zur Tatsache der weltweiten gegenseitigen Abhängigkeit und Verflechtung. Gott erweist sich im Wort der Offenbarung als der, der sich ein Volk (Israel und die Kirche) gebildet hat und es gestaltet. Tatsächlich will Gott uns ja nur in dem Maße erretten, in dem wir miteinander in einander bejahender Liebe leben. In unserer Zeit wissen die Mitglieder der Menschheitsfamilie ungeheuer viel voneinander, was wir nicht zuletzt den Massen-

---

[5] Robert N. Bellah u.a., Habits of the Heart, New York 1985

medien, insbesondere dem Fernsehen, verdanken. Es gibt kein Volk oder Land, das in völliger Autonomie existieren könnte. Alle Nationen sind untereinander verbunden, auch wenn wir dem nicht durch gerechte Strukturen Rechnung tragen. So werden zum Beispiel viele Bodenschätze nur in einem bestimmten Teil der Welt gefunden (wie etwas das Erdöl im Nahen Osten), und viele unserer Kleidungsstücke tragen ein Etikett, das besagt, daß sie in Taiwan oder Korea hergestellt worden sind. Noch viel größer ist unsere Verbundenheit jedoch auf der geistlichen Ebene; denn Gott schuf uns als Frauen und Männer, nach Seinem Ebenbild. Das Enneagramm eröffnet uns einen Reichtum an Persönlichkeiten, der den leuchtenden Farben gleicht, die von einem funkelnden Diamanten ausstrahlen: Gold, Blau, Grün und viele andere. Das Leuchten kommt nur durch die vielen Seiten zustande. Genauso müssen wir unter den Menschen die Gaben der anderen erkennen und schätzen und das Reifen und Ganzwerden jeder Perösnlichkeit fördern. Sonst wird das Bild Gottes in unserer Welt nicht mehr hell aufscheinen; unsere Begegnung mit anderen Menschen und Völkern wird von Individualismus und Wettbewerbsdenken geprägt sein, und wir werden nicht aufhören, an der Begrenztheit und Unvollkommenheit unserer Begabungen und an unverwirklichten Potentialen zu leiden. Die Annahme des Menschen aus der Beschäftigung mit dem Enneagramm, die im Beten und in der persönlichen Umkehr gefestigt wird, ist einer der Katalysatoren, die die Kraft haben, Strukturen von Unterdrückung in unserer Welt zu wandeln.

Auch unser Zugang mag individualistisch erscheinen, insofern wir den notwendigen strukturellen Wandel nicht in den Mittelpunkt unserer Überlegungen stellen. Sicherlich ist dieses Buch sehr personenbezogen, weil wir von Persönlichkeitsstrukturen, Gebet und Umkehr ausgehen; dennoch ist es nicht nur auf Einzelne ausgerichtet, sondern hat auch den gesellschaftlichen Wandel als Ziel vor Augen. Eines der größten Probleme unserer Zeit ist zum Beispiel die Furcht vor einem Atomkrieg. Wenn Albert Einstein seine Zeitgenossen zu erhöhter Wachsamkeit aufrief, dann gelten seine Worte nicht weniger uns Heutigen:

> „Wir dürfen nie aufhören, die Menschen dieser Erde und besonders die Regierenden zum Bewußtsein um die beispiellose Katastrophe zu führen, die sie mit absoluter Sicherheit über sich bringen werden, wenn sie ihre Haltung zueinander und ihre Vorstellungen von der Zukunft nicht radikal ändern. Die Entfesselung der atomaren Kräfte hat alles verändert – nur unser Denken blieb das gleiche."

Die grundlegende Herausforderung besteht also in einem Wandel unseres Denkens und im Wandel unserer Herzen. Wenn es zu einem Atomkrieg käme, so würde er des Geldes wegen, um Öl oder andere Bodenschätze ausgetragen. Wenn eine genügend große Anzahl von Bürgern einer Gesellschaft sich allein dem wirtschaftlichen Aufschwung verschreibt, wenn die Rüstungsindustrie bereit ist, ihre Waffen an jeden potentiellen Käufer zu liefern, wenn die mächtigen Handlungsträger sich der Verteidigung, dem Reichtum und dem Ansehen ihres Landes verschrieben haben – dann vergessen sie Gott und setzen sich selbst an seine Stelle. Alles Böse hat seinen Ursprung in diesen Beweggründen und dem daraus resultierenden Verhalten. Was also nottut, ist ein Bewußtseinswandel, ein Wandel der Herzen – eine radikale Umkehr zu Gott, die in ein liebendes und mitfühlendes Herz mündet, das sich auf alle Menschen weitet, alle umschließen möchte und diese fruchtbringende Liebe weitergeben will. Für Christen hat diese Liebe einen Namen: Jesus, der kam, um zu dienen, der seiner Berufung treu blieb bis zur Vollendung und so zum Retter aller wurde. In seinem Leiden und Sterben nahm er das Leid der Welt auf sich und erlitt alles aus Liebe zu den Menschen und zur ganzen Schöpfung. Jeder Mensch, der dazu reift, in umfassender Liebe alle Menschen zu lieben, der sich mit den Glücklichen freut und traurig ist mit den Trauernden, hat an diesem Erlösungsprozeß teil. Solches galt für den Apostel Paulus („Jetzt freue ich mich in den Leiden, die ich für euch ertrage. Für den Leib Christi, die Kirche, ergänze ich in meinem irdischen Leben das, was an den Leiden Christi noch fehlt." Kol 1,24), für Papst Johannes XXIII. oder Mahatma Gandhi.[6] Die Liebe ist die wirkmächtigste Kraft im ganzen Universum.

Die Spiritualität des Enneagramms

Wir möchten in diesem Buch die Spiritualität des Enneagramms und besonders das Beten mit dem Enneagramm in den Mittelpunkt stellen. Die detaillierten Beschreibungen der einzelnen Persönlichkeiten finden sich in anderen Werken und brauchen hier nicht wiederholt zu werden. Wir wollen uns auf einige grundsätzliche Überlegungen zur Persönlichkeitsanschauung des Enneagramms, zu den Zentren und den neun Persönlichkeitstypen beschränken.

Das Enneagramm geht davon aus, daß jeder Mensch mit einem reinen Wesen zur Welt kommt und für eine kurze Zeit in diesem Zustand verbleibt. Sobald das Kind in Beziehung zu seiner Welt und zu wichtigen Bezugspersonen tritt, die es nachhaltig beeinflussen, muß es sich gegen eine Welt zur Wehr setzen, die als feindlich empfunden wird. So entwickelt jedes Kind dem Leben ge-

---

[6] Vgl. dazu auch: William Johnston, Silent Music, San Francisco 1976, 134–138.

genüber eine eigene Verteidigungsstragegie, die sich danach richtet, welche Kräfte seine Persönlichkeit bestimmen. Jeder Mensch wird mit einer eigenen Neigung geboren, mit einer eigenen Befangenheit, der eine bestimmte Energie zu eigen ist. In den ersten sechs Lebensjahren, vielleicht zwischen dem vierten und sechsten Lebensjahr, entwickelt das Kind eine Maske, ein Selbstbild, mit dem es sein Selbst der Welt darstellt und es gleichzeitig vor der Welt schützt. Jeder Mensch entwickelt seinen eigenen zwanghaften Stil, um in der Welt zu bestehen. Diese Stile zeigen sich in den neun Persönlichkeitstypen. Das kleine Mädchen oder der kleine Junge übernimmt einen Stil, bleibt dabei und hält an dieser Lebensstrategie sein Leben lang fest. Man kann mehr oder weniger darin verhaftet bleiben, je nachdem, wie sich einem die Möglichkeit bietet, sich erleuchten zu lassen und an den eigenen Zwängen zu arbeiten, die man übernommen hat. Wir können das mit einem Thermometer vergleichen: ein noch sehr in seinen Zwängen verhafteter Mensch würde vielleicht zwanzig Grade auf der Skala erreichen, während ein anderer, der seine Begabungen schon sehr weit erkannt und verwirklicht hat, sich etwa bei achtzig Graden befinden würde. Der letztere ist erleuchteter, in sich freier und gesünder.

Die Befreiung und Erleuchtung ereignet sich für einen Menschen oft im Laufe der bewußten Begegnung mit seinem Gott, der ihn liebt und mit ihm fühlt. Bevor wir jedoch vom Beten handeln werden, wollen wir uns den Energiezentren des Enneagramms zuwenden, aus denen heraus die einzelnen Persönlichkeiten leben und handeln.

Zweites Kapitel

Die drei Energiezentren und ihre Charakterzüge

Viele, die sich mühsam durch die Schichten angelernten Verhaltens und verwirrender Beziehungsmuster durchkämpfen, immer auf der Suche nach ihrer Persönlichkeit im Enneagramm, stellen die fast verzweifelte Frage: „Warum gibt es für das Enneagramm nicht so etwas wie den Meyers-Briggs-Persönlichkeitstest?" Solch ein Hilfswerkzeug würde es viel einfacher und weniger zeitaufwendig machen, den eigenen Platz in diesem System bestimmen zu können. Tatsächlich benutzen einige derer, die über das Enneagramm schreiben, einfache Fragebögen, um ihren Leserinnen und Lesern bei der Suche behilflich zu sein. Der Wert eines solchen Zugangs ist jedoch zumindest begrenzt; denn diese Fragen betreffen das Verhalten und nicht die Motivation, die dahintersteckt. Eine mögliche Fragestellung könnte zum Beispiel lauten: „Helfen Sie gern anderen Menschen?" Zwei Personen können aus ganz verschiedenen Gründen gern helfen. Eine ZWEI, deren Selbstverständnis lautet: „Ich bin hilfsbereit", hilft, weil man nur dann gut ist, wenn man anderen hilft. Aber auch eine SIEBEN kann hilfsbereit sein. Ihr Selbstverständnis heißt: „Ich bin zufrieden. Mir geht's gut." Die SIEBEN weiß, daß es Leuten leichter fällt, zu jemandem gut zu sein, der ihnen hilft. Sie hilft, um den Schmerz zu vermeiden, den sie ertragen müßte, wenn ihr negative Reaktionen wie z. B. Wut begegnen, weil sie auf Bedürfnisse anderer nicht helfend geantwortet hat.

Viele der neutralen Fragen, die in diesen Fragebögen verwendet werden müssen also auf die Ebene der Motivation gebracht werden, damit sie ihren wahren Wert gewinnen und das tun, wozu sie bestimmt sind, nämlich eine Person auf dem Kreis des Enneagramms zu plazieren.

Im Wissen darum, daß die meisten, die sich mit der Lehre des Enneagramms beschäftigen, mit den Beschreibungen von Zentren und Perösnlichkeiten vertraut sind, haben wir in diesem Kapital einen anderen Zugang gewählt, der den Leserinnen und Lesern helfen soll. Man muß dazu seine Vorstellungskraft gebrauchen. Bilder erschließen oft größere Tiefen der menschlichen Person als simple Fakten. Wir werden also von drei Städten sprechen. Dabei empfehlen wir, sich beim Lesen der Beschreibungen vorzustellen, jeweils abwechselnd in einer der Städte zu leben. Es ist entscheidend, die dabei gemachten Erfahrungen sorgsam zu bedenken: Wie haben Sie sich gefühlt? Was kam Ihnen entgegen und stimmte für Sie? Was hat Sie gestört? Was würden Sie ändern wollen? Warum? Wenn Sie bei sich gemischte Gefühle bemerken und sich zu zwei Zentren hingezogen fühlen, sollten Sie die Möglichkeit in Erwägung ziehen, daß dabei Ihre Flügel eine Rolle spielen.

Wir hoffen, daß dieser Zugang für unsere Leserinnen und Leser nicht nur aufschlußreich, sondern auch interessant ist.

Wir finden es nicht ungewöhnlich, daß große und berühmte Städte mit Hilfe einiger bestimmter Eigenschaften beschrieben werden oder daß wir sie selber so beschreiben; so zum Beispiel: New York ist laut und erfolgsorientiert, London gebildet und eingebildet, Paris weltoffen und vergnügungslustig, München herzlich und lebhaft. Solche Beschreibungen bemerken wirkliche Unterschiede zwischen diesen Städten, auch wenn ihnen andererseits vieles gemein ist. Derselbe Drang, etwas zu beschreiben und zu benennen, bewegt uns oft, wenn wir von Menschen reden. Häufig tendieren wir dazu, voneinander in Begriffen zu denken, die sich auf die Gefühlswelt beziehen. Der eine ist beherrscht, die andere kreativ, wieder ein anderer träge. Die emotionale Seite der Persönlichkeit, die wir bei unseren Begegnungen mit anderen wahrnehmen, ist einfach der äußere Ausdruck der inneren Welt oder ,Stadt' des anderen Menschen.

Um unsere Beschreibung der drei Energiezentren von den Persönlichkeiten im Enneagramm vor der Dürftigkeit einer bloßen Nennung von Charakterzügen zu bewahren, erschließen wir einen Zugang zu den Zentren, indem wir drei Vorstellungen von inneren Städten wählen, die jede für sich einzigartig ist und die Charakterzüge des jeweiligen Zentrums völlig offenlegt. Wir hoffen, daß die Bilder, die wir gebrauchen, die Leserinnen und Leser zu mehr als einer lediglich intellektuellen Zustimmung zu den Eigenheiten eines Zentrums oder einer Persönlichkeit anregen und sie ein Gefühl dafür bekommen, wie das Leben innerhalb der Wirklichkeit dieses Zentrums oder dieser Persönlichkeit im Enneagramm aussieht.

Die „Haupt-Stadt"

Wenn man *Caput* überfliegt, fällt einem sofort auf, wie sorgfältig und gewissenschaft die Stadt angelegt ist. Die Straßen verlaufen parallel, die Grünanlagen sind an genau geplanten Stellen angelegt, und die öffentlichen Gebäude sind von fast allen Punkten der Stadt aus leicht zugänglich. Wenn man die Stadt bei Nacht anfliegt, bemerkt man ebenfalls, wie gut und einheitlich die Straßen beleuchtet sind. Wenn man dann die Stadt von ihrem kleinen, aber zweckmäßig ausgestatteten Flughafen betritt, fällt einem sofort die Benennung der Straßen auf: die Parallelstraßen der einen Richtung sind numeriert; die Straßen, die diese im rechten Winkel kreuzen, tragen Buchstaben und sind dann, ebenfalls in alphabetischer Reihenfolge, nach Personen benannt. Die Beschilderung ist klar, hell und verläuft überall nach dem gleichen Muster. Alles ist sorgfältig, logisch und zweckmäßig gestaltet.

Die Bewohner von *Caput* leben in zumeist einfachen und bescheidenen Häusern, auch wenn manche davon ziemlich modern sind und einige sogar ein fast abenteuerliches Design besitzen. Viele Häuser tragen Sonnenkollektoren auf dem Dach. Was unbedingt erwähnt werden muß, ist die Art von Glas, die viele der Häuser in ihren Panoramafenstern haben: Es ist von innen nach außen durchsichtig, verhindert aber, daß vorbeigehende Fußgänger sehen, was in den Häusern vor sich geht. Viele der Häuser sind von Zäunen mit verschlossenen Toren umgeben, und bei den öffentlichen Einrichtungen findet man patrouillierende Sicherheitsposten. Die Straßen sind bemerkenswert still und verlassen.

Mehrere große Fachhochschulen, Universitäten und Forschungszentren, die nahe beieinander stehen, machen klar, daß *Caput* ein Zentrum von Forschung und Lehre ist. Dem Besucher fallen auch die großen modernen Bibliotheken auf. Die Stadt macht vor allem mehr den Eindruck von genauer Planung und Reserviertheit als den von Spontaneität und großer Aufmachung.

In *Caput* leben die Kopf-Personen des Enneagramms: Menschen, denen praktisches Denken, Logik und Stimmigkeit über alles geht. Sie geben prinzipiell eher nach als auf ihrer Meinung zu bestehen, und ihr aggressionsloses Verhalten schafft eine Atmosphäre von Gewaltlosigkeit und Wohlwollen. Weil sie oft in der Welt ihrer eigenen Gedanken, Ideen und Pläne leben, fällt es ihnen schwer, ihre tiefen Gefühle offen zu zeigen. Der Umgang miteinander ist herzlich und freundlich, aber es mangelt ihnen an echter Wärme und Spontaneität. Die Angst ist das Gefühl, das sie am wenigsten kontrollieren können, und so lieben sie Klarheit und sind offensichtlich wachsam und besorgt.

Die Hauptkirche von *Caput* ist dem heiligen Apostel Thomas geweiht. Ein auffallendes Kennzeichen dieser Kirche ist ein wunderschönes Glasfenster, das zeigt, wie Thomas nach der Auferstehung Jesus erkennt – eine Szene, die den Geist dieser Kirche ganz gut erfaßt: sie ist einfach, kahl, nach logischen Gesichtspunkten ausgestattet und drückt aus, daß „Sehen Glauben ist".

Um Stilfragen kümmern sich die Einwohner von *Caput* so gut wie überhaupt nicht. Obwohl einige einen bemerkenswerten Sinn für Farben besitzen, fällt doch generell ein gewisser Mangel an Gewandtheit in der Kleidung auf. Vielleicht trifft das Wort „kindlich" die Art ganz gut, wie die Einwohner von *Caput* sich geben.

Wenn man sich in ihrer Mitte aufhält, überkommt einen das Gefühl, eher ständig beobachtet zu sein, als daß sie einem aufmerksam zuhören, und wenn jemand von ihnen über die Stadtgrenzen hinaus eingeladen ist, ist man immer wieder erstaunt über die genauen Wegbeschreibungen, die er oder sie heraussucht, bevor die Reise in Angriff genommen wird.

In *Caput* gleicht keiner einem anderen; drei verschiedene Persönlichkeiten begegneten uns in dieser Stadt. Auf einer Geschäftsparty begegneten wir einem sehr zurückhaltenden Mann in einem einfarbigen Anzug, der in einer Runde stand, die über das Tagesgeschehen diskutierte. Er selbst nahm an der Diskussion nicht teil, sondern schien alles in sich einzusaugen. Wir dachten, er hätte das Gefühl, dazu nichts beitragen zu können, und er machte auf uns den Eindruck, als fühle er sich in der Menge unwohl. Die Zeit verging, und er blieb schweigsam. Sein Arbeitgeber, der uns eingeladen hatte, hatte von seiner Weisheit geschwärmt, aber wir bekamen nichts davon zu sehen. Nach einer Weile wechselte das Gesprächsthema auf Nelly Sachs und ihre Gedichte. Immer noch machte unser schweigsamer Mann keinen Versuch einzusteigen, bis seine Kollegen ihn aufforderten, uns doch zu erzählen, was er davon denke. Zu unser aller Erstaunen begann er, ausführlich und kenntnisreich über dieses Thema zu reden, mit dem er sich ein Leben lang beschäftigt hatte. Wir waren einer FÜNF begegnet, die sich selbst mit den Worten „Ich bin weise" beschreiben würde.

Am zweiten Abend unseres Aufenthaltes in *Caput* nahmen wir die Einladung einer Frau zum Abendessen an. Als wir bei ihr zu Hause ankamen, waren wir sofort von ihrer Freundlichkeit und Warmherzigkeit beeindruckt. In kürzester Zeit fühlten wir uns wie zu Hause. Die Frau hatte drei Töchter, über die sie sichtlich gerne redete. In ihren Gesprächen zeigte sich Angst und Sorge darum, wie einige Dinge in ihrem Leben gelaufen waren. Wir gewannen den Eindruck, mit jemandem zu reden, der mit viel Angst durchs Leben geht. An einem Punkt des Gesprächs kamen wir auf die Invasion der Regierung in Grenada zu sprechen. Unsere Gastgeberin war wie gelähmt angesichts der kritischen Fragen und Kommentare, die wir vorbrachten. Sie schien sich nicht mit der Möglichkeit befassen zu wollen, daß jemand von der Meinung und Haltung der Führung abweicht. Unsere Gastgeberin können wir als SECHS beschreiben, die von sich selbst sagen würde: „Ich bin treu, ich bin loyal."

An unserem letzten Tag in *Caput* gingen wir in die Stadthalle, in der gerade eine Feier zu Ehren des Polizeichefs gegeben wurde. Dort trafen wir eine Frau, die durch ihre auffallend bunte Kleidung und ihr lebendiges Wesen aus der Menge herausstach. Sie machte einen sehr heiteren Eindruck und steckte uns alle mit ihrer Begeisterung an, als sie von ihren Plänen für den nächsten Urlaub erzählte. Die Art, in der sie ihn beschrieb, ließ alles wunderbar erscheinen. Einer von uns bemerkte im nachhinein, daß es keine Pannen in ihrem Leben zu geben schien. Als das Gespräch auf das schwierige Thema des Ersatzes für den Leiter des Schulausschusses kam und sich die Diskussion erregte, hatte sie, noch bevor wir wußten, was geschehen war, das Gesprächsthema umgeleitet. Auf irgendeine Art und Weise war es ihr wieder gelungen, etwas Humor in die Angelegenheit zu bringen, und nun legte sie los mit ihren positiven und optimistischen Ansichten. Für Schmerz schien es keinen Platz in ihrem Leben zu geben. Alles war umwerfend und sonnenklar. Diese Person, eine SIEBEN, würde von sich selbst sagen: „Ich bin in Ordnung. Mir geht's gut."

Die Tage in *Caput* waren ruhig und nachdenklich, aber auch von einem Ausflug in den Bereich der Möglichkeiten gekennzeichnet. Oft geschah das in einem Geist von Leichtigkeit und Freude.

Die „Stadt mit Herz"

Die Stadt *Cordis,* nicht mehr als hundert Kilometer von *Caput* entfernt, schien uns, sowohl von ihrer äußeren Anlage wie auch, was ihre inneren Werte angeht, Lichtjahre von *Caput* entfernt. Diese Stadt wurde offensichtlich ohne Plan gebaut. Man könnte sagen, der Grundstein für neue Häuser wurde überall da gelegt, wo Beziehungen oder menschliche Bedürfnisse es erforderten. Die Häuser standen dicht beieinander, und die Menschen sprachen regelmäßig miteinander – von Veranda zu Veranda und über die Zäune hinweg; gut ausgetretene Pfade verliefen zwischen den Häusern. Die Jalousien wurden nur selten heruntergelassen.

So wie Logik und Praktikabilität *Caput* zu beherrschen schienen, so prägten Beziehungen, Geselligkeit und Status das Gesicht von *Cordis*. Die Leute waren warmherzig, freundlich und zeigten ihre Zuneigung offen.

Wer neu in der Stadt war, dem fielen sofort die vielen Krankenschwestern und Sozialarbeiter in Uniform auf den Straßen auf, die von einer Arbeit zur anderen strebten. Sehr viele Menschen schienen in helfenden Berufen tätig zu sein, und die Stadt war voll von Krankenhäusern, Sanatorien und Hilfseinrichtungen.

Die Einwohner von *Cordis* legten offensichtlich sehr viel Wert auf ihr Image. Viele Leute waren nach der neuesten Mode gekleidet und schienen es zu genießen. Die Leute joggten, Sanatorien für Schlankheitskuren gab es zuhauf, und die Gespräche drehten sich oft um das Körpergewicht, um Lebensstil und um Fähigkeiten.

Die Gärten vieler Häuser zierten große Anzeigetafeln, die für Kandidaten um politische Ämter warben, und auf den Plätzen waren Gedenktafeln aufgestellt, die an Leistungen verschiedenster Art erinnerten. Plakate, die Square-Dance-Veranstaltungen, Rallyes und von Zeit zu Zeit auch Vergnügungsveranstaltungen wie etwa einen Wettkampf im Kuchenessen ankündigten, waren an Bäume geheftet oder hingen in den öffentlichen Schaukästen der Gemeinden aus. Neben zahlreichen Theatern und Kinos existierten auch viele Clubs wie die Pfadfinderinnen und Pfadfinder, die Ritter des Columbus, Frauenvereinigungen und viele andere, die sich in Anzeigen vorstellten und um Mitglieder warben.

St. Martha, die Kirche von *Cordis*, überraschte die, die sie betraten, mit fahnengeschmückten Wänden; die Kirchenbänke waren entfernt und durch Sitzkissen ersetzt worden, und wer an der Kirche vorüberging, konnte oft Melodien hören, die die stark charismatische Ausprägung der Gebete und Gottesdienste unterstrichen.

Alles in allem strahlte *Cordis* wider, wieviel Wert die herzbetonten Menschen auf Beziehungen legten. Lebenslust, Imagebewußtsein und eine gegenseitige Anteilnahme nahmen die Besucherinnen und Besucher der Stadt von Anfang an gefangen.

Bei unserem Jahrestreffen in *Cordis* begegneten wir drei weiteren Persönlichkeiten. Die Vorsitzende lud uns zum Tee zu sich nach Hause ein. Während unserer Anwesenheit war sie ständig damit beschäftigt, es uns gemütlich zu machen, und las uns jeden Wunsch von den Augen ab. Unser Beisammensein wurde von einer Reihe von Telefonanrufen unterbrochen; offensichtlich zählten die Leute in den verschiedensten Situationen und Projekten auf ihre Hilfe. Einmal reagierte sie verärgert: „Es muß doch möglich sein, daß jemand anderes das übernimmt. Warum muß ich immer alles machen?" Unsere Gastgeberin stand dauernd vom Tisch auf, setzte sich wieder und schien unfähig, einfach entspannt bei uns zu sitzen. Als wir später über unser Gespräch nachdachten, wurde uns klar, daß sie sich eine Menge an Informationen und Wissen über uns angeeignet, uns jedoch sehr wenig von sich selbst erzählt hatte. Sie schien sehr nach Unabhängigkeit zu streben und sich nicht zugestehen zu wollen, daß auch sie Bedürfnisse hatte. Das war unsere erste Begegnung mit einer ZWEI; sie würde sich als hilfsbereit beschreiben und sagen „Ich bin in der Lage zu geben." Wir sollten noch viele andere ZWEIen in dieser Stadt antreffen.

Cordis ist der Standort eines unserer Büros. Während unseres Aufenthaltes in der Stadt hatten wir ein Gespräch mit der örtlichen Bezirksleiterin. Ihre Sekretärin begleitete uns in ihr Büro, das mit den neuesten Computeranlagen, Kopiergeräten, Gegensprechanlagen und vielen anderen technischen Geräten ausgestattet war. An den Wänden hingen Tabellen und Konjunkturdiagramme. Sie selbst erwartete uns zu der vereinbarten Zeit in einem eleganten

Kostüm. Nach dem Austausch einiger Höflichkeitsfloskeln kamen wir direkt auf geschäftliche Dinge zu sprechen. Wir hatten sie treffen wollen, weil der *Cordis*-Zweig des Unternehmens hinter seine früheren Ergebnisse zurückgefallen war. Sie führte alle Arten von Umständen an, die das erklärten, war zuversichtlich, daß es sich nur um eine zeitweises Tief handeln würde, und versicherte uns, daß keine ihre Aktivitäten zu der gegenwärtigen Produktionsflaute beigetragen hatte. Dabei kam sie uns sehr verteidigend vor, während sie ihre eigenen Erfolge mit Nachdruck betonte. Unsere Akten besagten, daß sie in der Firma sehr schnell die Karriereleiter erklommen hatte und immer da sein wollte, wo etwas los war. Nach unserer Unterredung stellten wir fest, daß ihr Kontakt mit uns unpersönlich gewesen war. Sie war freundlich, unverbindlich und geschäftsmäßig aufgetreten. Sie ist eine DREI, die von sich selber sagt: „Ich bin erfolgreich; ich bin effizient." Noch viele weitere DREIen fanden wir auf der Management-Ebene der Firma in dieser Stadt.

Bevor wir *Cordis* verließen, verabredeten wir uns mit einem alten Freund zum Abendessen. Er lud uns in seine Eigentumswohnung ein, in der er allein lebte. Beim Eintreten bemerkten wir sofort, wie elegant sein Wohnzimmer eingerichtet war. Diverse Gemälde und Skulpturen gaben dem Raum eine besondere Note. Ruhige, meditative Musik begleitete unsere Gespräche und das Abendessen. Er hatte ein Essen für uns vorbereitet, und die farbliche Zusammenstellung der verschiedenen Speisen regte unseren Feinschmeckergaumen an. An diesem Abend verfielen wir in eine gewisse Melancholie. Als wir über die Vergangenheit redeten, wurden wir gewahr, wie tiefe Trauer und Verlustgefühle unser Freund bei dem verspürte, was er in seinem Leben erfahren hatte. Die einzelnen Ereignisse erhielten eine zusätzliche Dramatik durch seine von Bildern und Symbolen bestimmte Erzählung. Manchmal wirkte seine Rede auch affektiert und gekünstelt. Er kleidete seine Erinnerungen in eine lebendige und anschauliche Sprache; nichts war einfach oder gewöhnlich für ihn. Als wir ihn auf seine ausgezeichnete Kondition ansprachen, führte er dies auf eine Diät und regelmäßiges Training zurück und führte uns seine nagelneue und topmoderne Joggingausrüstung vor. Er bestand darauf, daß wir, bevor wir *Cordis* verließen, seine Theaterloge benutzten, um uns ein ausgezeichnetes Stück anzusehen, das gerade in dieser Woche in die Stadt gekommen war. Wir würden unseren Freund als VIER beschreiben, deren Ideal es ist, etwas Besonderes und sensibler und kultivierter als andere zu sein.

Während unseres Aufenthaltes in *Cordis* waren wir fast nie alleine gewesen, sondern hatten unsere Zeit zumeist in Gesellschaft verbracht. Es hatte uns gefreut, am Leben der Menschen, die in *Cordis* lebten, teilgenommen zu haben, aber beim Verlassen der Stadt spürten wir das Bedürfnis, Raum und Zeit für uns zu haben und von der Oberfläche weg hin zur Stille und Reflexion zu gelangen.

Die „Stadt mit Leib und Seele"

Als dritte Stadt besuchten wir *Humus*. Auch sie hatte, wie *Caput* und *Cordis*, ihre Besonderheiten. *Humus* hatte sich einen starken Sinn für Geschichte und Tradition bewahrt; über allem hing ein Hauch von Vergangenheit. Die Stadt war voll von Museen, die Wohnhäuser waren nicht mehr die neuesten und schienen uns eher funktionell gebaut denn nach ästhetischen oder künstlerischen Gesichtspunkten. Große Flächen des Landes lagen brach, und Gemüsegärten, die gegenüber Blumengärten eindeutig in der Mehrzahl waren, bestimmten das Landschaftsbild. Die Einwohner von *Humus* schienen kaum Wert auf einen bestimmten Stil zu legen. Schnitt und Farben ihrer Kleidung waren zurückhaltend, sie trugen keinen Schmuck und schminkten sich nicht. Man könnte sagen, daß die Leute von *Humus* – Männer, Frauen und Kinder – einen engen Bezug zur Natur hatten. Auch ihre Eßgewohnheiten spiegelten die Einfachheit ihres Lebens und ihrer Interessen. Es gab gesunde, ökologisch angebaute Nahrungsmittel zu kaufen, und die Menschen bevorzugten Campingplätze und Wälder, um sich dort zu erholen und ihre Freizeit zu verbringen.

Gerechtigkeit und Umweltbewußtsein war den Leuten von *Humus* sehr wichtig. Demonstrationen und Mahnwachen waren ein gewohntes Bild.

Die Stadt war laut, manchmal sogar lärmend. Die Leute waren kumpelhaft, diskussionsfreudig und einem Streitgespräch nicht abgeneigt. Was sofort auffiel, war die echte Spontaneität, die die Begegnungen prägte, und der Verzicht auf gefeilte Rede und Selbstdarstellung. Gleichermaßen erstaunte die einfache und ehrliche Art der Bewohner, die keinen großen Wert auf Image legten.

Die Stadt schien nie zur Ruhe zu kommen. Tag und Nacht umspülten die Geräusche der Stadt die Besucher. Die Kirche der Katholiken von *Humus* war dem heiligen Petrus geweiht. Der Blick der Gottesdienstbesucher wurde sofort von einem Wandbehang mit der Darstellung des heiligen Petrus eingenommen, die zeigte, wie Petrus ins Wasser sprang, um zu dem auferstandenen Jesus zu gelangen. Fischernetze an den Wänden vervollständigten den rustikalen Charakter der Kirche, in der sich überall das Motiv des Fischers fand. Frömmigkeit und Einsatz für Gerechtigkeit gingen in dieser Gemeinde deutlich ineinander über – man brauchte sich nur die Predigten oder die Fürbitten anzuhören. Oft wurde um Nahrungsspenden für die Hungernden und Benachteiligten gebetet; auf verschiedenen Tafeln in der Kirche wurden die Gottesdienstbesucher auf örtliche und weltweite Notstände aufmerksam gemacht. Die Frömmigkeit war erdverbunden und im Alltag der Leute verwurzelt.

Die Leute von *Humus* trieben ferner gerne Sport. Der Wettbewerbscharakter, der den Populärsportarten zu eigen ist, kam dabei der Lebenseinstellung der Menschen entgegen. *Humus* war stolz darauf, die Meisterschaften in Football, Hockey und im Ringen zu halten.

Drei weitere Persönlichkeitstypen begegneten wir in *Humus*. Gerne folgten wir der Einladung eines Bekannten zu einer Partie Golf auf dem städtischen Golfplatz von *Humus*. Unser Gastgeber war ein kräftiger Mann, der es zu genießen schien, alle Fäden in der Hand zu halten und anderen das Leben schwer zu machen. Während des Spiels fing er Streit mit dem Team vor uns an, das seiner Ansicht nach zu langsam spielte. Dabei war er grob und verletzend. Als wir uns erstaunt zeigten, erklärte er uns, daß er immer bekomme, was ihm zustehe. Einmal erzählte er uns, daß er sich lautstark beim Manager eines Supermarktes beschwert hatte, weil er in einer Vier-Liter-Packung Pecannußeiskrem nur eine einzige Pecannuß gefunden hatte. Er bekam eine neue Zwei-Liter-Packung. Er hatte vielfältige Interessen und war bei dem benachbarten Tennisclub ehrenamtlich tätig. Bei uns erweckte er den Eindruck, daß er in der Lage sei, die Dinge zu verändern. Er ermutigte uns, mit Nachdruck auf unseren Bedürfnissen zu bestehen und uns nötigenfalls auch zu beschweren. Im Umgang mit Schwachheit aller Art hatte er, wie er zugab, Probleme. Er war ganz klar eine ACHT, die von sich selbst sagt: „Ich habe Macht, ich bin stark".

In unserem Golfteam befand sich auch eine Freundin unserer ACHT. Sie erschien geradezu als ein Muster an Friedfertigkeit. Von uns allen machte ihr der Streit am meisten aus. Sofort versuchte sie, ihren Freund zu beruhigen, als er den Krach mit der anderen Gruppe anfing. Wir hörten auch, wie sie versuchte, das andere Team zu beschwichtigen, indem sie erzählte, was für ein anstrengender Tag hinter ihrem Freund gelegen hatte. Es schien, als wolle sie alles einsetzen, um den Frieden wiederherzustellen. Sie schien in ihrem Leben leicht zufriedenzustellen zu sein und hatte kein eigentliches Ziel, nach dem sie strebte. Sie erzählte uns, daß sie die verschiedensten Dinge sammele, Zahnbürsten hortete, weil sie eine Sorte gefunden hatte, die ihr gefiel, und sechs Schachteln ihrer Lieblingskekse in ihrer Schreibtischschublade vorrätig hielt, damit sie nicht lange suchen mußte, um sie wieder zu kaufen. So vermuteten wir, daß diese Frau viel von ihrer Energie darauf verwendete, sich auszuruhen, andere zur Ruhe zu bringen und dann ihre Ruhe zu haben und ungestört zu bleiben. Sie war eine NEUN, die von sich selber sagt: „Ich bin zufrieden und ausgeglichen."

Als wir *Humus* besuchten, fanden gerade Wahlen statt. Unser Bekannter, die ACHT, schlug vor, eine Wahlkampfveranstaltung zu besuchen, um noch ein anderes Gesicht der Stadt kennenzulernen. Es war ein lauter und ausgelassener Abend. Wir machten die Bekanntschaft eines sehr idealistischen jungen Mannes, der die gegenwärtige Regierung äußerst kritisch betrachtete. Er schien eine Vorstellung, eine Art ideale Meßschnur zu haben, mit der er die gegenwärtige politische Führung auseinandernahm. Er benutzte seinen scharfen Witz dazu, Mängel und Fehler in allem und jedem zu entdecken und sparte dabei nichts aus, nicht einmal sich selbst. Er sprach mit gereizter Stimme und machte den Eindruck, als ob er gar nicht wüßte, wie zornig er eigentlich war. Dieser Mensch ist eine EINS, die von sich sagt: „Ich bin korrekt, ich mache keine Fehler."

Wir verließen *Humus* mit dem Gefühl, wieder Frische getankt zu haben, herausgefordert worden zu sein und dem menschlichen Leben im Urzustand begegnet zu sein.

Es schien schon fast schwierig, nach dem reinen und einfachen Leben in *Humus* wieder in eine Welt zurückzukehren, in der Masken getragen wurden und in der jeder sich gut produzieren und verkaufen mußte, um seine Ideen und Pläne zu verwirklichen.

Sie haben nun alle drei Städte besucht. In welcher fühlten Sie sich am wohlsten? Wo würden Sie selber gerne leben? Fanden Sie sich in einer der Personen, die in dieser Stadt lebten, erstaunlich gut getroffen?

Drittes Kapitel

Gebet, Umkehr, Kontemplation – ein Überblick

Beten

Haben Sie jemals gehört oder gelesen, daß „Beten das Einfachste auf der Welt" sei, und dabei gespürt, daß Ihnen
dieser Satz gänzlich fremd war, weil Sie sich daran erinnerten, wie schwer es Ihnen selber fällt, mit Gott in Beziehung zu treten? Hat Ihnen ein geistlicher Begleiter schon
einmal vorgeschlagen, ganz offen auf Gott wütend zu sein
und mit ihm zu streiten? Hat er Ihnen dabei eröffnet, daß
vor Gott offen ausgesprochener Ärger Ihnen die Türen zu
Häusern des Friedens öffne, und sahen Sie sich dennoch
überhaupt nicht in der Lage, Gott als Zielscheibe Ihrer
Wut zu betrachten? Hat der Enthusiasmus echter Charis-
matiker Sie ein wenig neidisch gemacht auf die Schätze, zu
denen diese Menschen Zugang haben, und fühlten Sie
sich nachher noch unwohler bei Ihren eigenen Versuchen
zu beten? Haben Sie sich dem kontemplativen Gebet zuge-
wandt in der Hoffnung, Gott in Ihrem Innersten zu begegnen, und konnten nichts weiter tun als schlafen? Unsere
Erfahrung zeigt uns, daß alle, die sich ernsthaft auf ein Gebetsleben eingelassen haben, eine oder mehrere dieser Erfahrungen durchmachten. Dennoch möchten wir an
unserer Eingangsbehauptung festhalten: „Beten ist das
Einfachste auf der Welt."

Beten bedeutet: gegenwärtig sein in der Gegenwart

Gottes. Beten ist auch für jede und jeden von uns einzigartig. Ohne Frage sind die Personen, die wir im zweiten Kapitel beschrieben haben, eigenständige Individuen in ihrem Zugang zu sich selber, zu ihrer Welt und zu ihrem Gott. Wenn wir beten, kommen wir nicht nur so zu Gott, wie wir sind; wir müssen uns auch der Wege gewahr werden, die uns gegeben sind, um zur Ruhe zu kommen und glaubend von der Welt der äußeren Einflüsse, Bilder und Gedanken zu der Welt des Glaubens und der Gnade zu gelangen. Die Form unserer Bemühungen, Gott zu begegnen, ist genauso einzigartig, wie wir selbst einzigartig sind. Von den vielen Büchern, die sich mit dem Beten beschäftigen, geht kaum eines auf die spezifischen Schwierigkeiten ein, die Menschen haben, wenn sie versuchen, mit Gott in Beziehung zu treten. Wenn wir also grundsätzlich über das Beten reden wollen, müssen wir einige Vorüberlegungen zum Thema anstellen und einige allgemeine Bedingungen vorschlagen, ohne die es kein echtes oder ausdauerndes Gebetsleben geben kann.

Beten muß für mich wertvoll sein, wenn ich jemals lernen soll zu beten. Nur wenige wären nicht bereit, mit großer Aufrichtigkeit zu behaupten, daß Beten als solches wertvoll ist; aber machen wir überhaupt einen Unterschied zwischen dem Wert und dem, was den Wert anzeigt? Meine Werte bestimme ich beständig in der Wahl zwischen verschiedenen Alternativen. Der Tagesablauf bietet viele Dinge: Arbeit, Essen, Sport, Treffen mit Freunden usw. Entscheide ich mich konsequent für das Beten, wenn ich etwas anderes tun könnte? Nur wenn ich hierauf mir Ja antworte, kann ich sagen, daß das Beten wertvoll für mich ist. Eine weitere wichtige Wahrheit, an die wir uns beim Beten-Lernen erinnern müssen, ist, daß ich nur beim Beten das Beten lerne. Ein Tennisspieler lernt etwas über das Spiel, wenn er Bücher über Tennis liest, aber zum erfahrenen Spieler wird er nur, wenn er auf den Platz geht und den Sport selbst betreibt. Über das Beten lernen wir aus Büchern. Beten selbst aber lernen wir nur beim Beten.

Wir müssen zu diesem Akt der Verehrung und der Liebe, den wir Beten nennen, so kommen, wir wir sind. Wir müssen unser wahres Selbst kennenlernen und frei und gelassen bei unserem Gott sein können. Viele verbergen sich im Gebet vor Gott. Der Grund dafür kann darin liegen, daß wir unsere Lektüre über das Beten verinnerlicht haben. Wir entdecken uns dabei, wie wir versuchen, still, ehrfürchtig und konzentriert zu sein, ohne zu bemerken, daß wir, wenn wir in die Gebetshaltung eintreten, nichts von dem sind, was wir versuchen zu sein. Tatsächlich sind wir vielleicht wütend, aufgeregt, enttäuscht, empfindlich oder verletzt, wenn wir beten wollen. Gott lädt uns ein zu kommen, so wie wir sind.

Wer ist dieser Gott, der mich mit der Fähigkeit geschaffen hat, Ihm zu begegnen, und der sich so sehr danach sehnt, daß ich so komme, wie ich bin? Unsere Vorstellungen von Gott müssen sich ständig weiten, indem wir zu einer immer tieferen Schau des göttlichen Antlitzes gelangen, das sich in Jesus spiegelt. Er geht umher und tut Gutes, er ißt mit Sünderinnen und Sündern, er kann in Bereichen des menschlichen Lebens, in denen wir erzogen worden sind, hart zu urteilen, gütig sein und vergeben, zum Beispiel bei den Sünden des Fleisches. Dagegen verurteilt er manche der weniger schwer eingeschätzten Sünden des menschlichen Lebens, die oft unbemerkt bleiben, sehr hart, wie zum Beispiel die Selbstgerechtigkeit. Das ist der Gott, vor dem wir im Gebet stehen.

Wir können einiges über unser Sein vor Gott lernen, wenn wir unsere zwischenmenschlichen Beziehungen aufmerksam betrachten. Gott gegenüber verhalten wir uns genauso, wie wir uns anderen gegenüber verhalten. Das Nachdenken über unsere Liebes- und Freundschaftsbeziehungen kann uns vielleicht auf ganz praktische Weise zu einer gelasseneren Begegnung mit Gott verhelfen. Wir könnten sagen, wir beten zueinander, wenn wir uns mit denen austauschen, die wir lieben und denen wir vertrauen. Denken Sie einmal darüber nach, wie Sie mit einer Freundin oder einem Freund umgehen. Erkennen Sie die Art, wie Sie auf die Freundin oder den Freund zugehen, als die gleiche Art, in der Sie mit Gott in Beziehung treten? Gehen Sie frei und spontan mit dem ersteren um und vorsichtig und zeremoniell mit dem letzteren? Wann haben Sie genügend Vertrauen, um mit einer Freundin zum Beispiel über die Ereignisse des Tages, persönliche Gefühle, Ahnungen, Visionen oder geistliche Erfahrungen zu sprechen? Alle beeinflussen wir einander. Alle kennen wir die Erfahrung, wütend aufeinander zu sein, machen wir die Erfahrung, daß unser Geist wieder sanftmütig wird, daß andere uns herausfordern oder bestätigen. Wir beten nicht, wenn wir Gott nicht erlauben, aktiv und lebendig zu sein und in unser Leben einzudringen. Beten kann nie einfach bedeuten, über die Wege, die Probleme unseres Lebens zu lösen, zu entscheiden und Gott dazu zu bringen, die Weisheit unserer Wege einzusehen.

Sehr viel Vertrauen ist nötig, um zu beten. Zu beten beinhaltet für uns alle, die wir uns ernsthaft darauf eingelassen haben, eine Abrahams-Erfahrung, eine Bereitschaft und Fähigkeit, das Bekannte um des Unbekannten willen zu verlassen. Betende Menschen unterscheiden sich von solchen, die nicht beten. Beten hat nichts mit Leistung zu tun; es geht nicht darum zu analysieren, in welchem Stadium des Gebets ich mich befinde. Beten heißt vielmehr, offen und in Liebe vor Gott zu stehen, von dem wir uns in zunehmender Unbefangenheit geliebt wissen. Beten heißt, ohne Maske, ohne Schutzschild und ganz durchlässig sein zu wollen und zu erkennen, wie sehr Gott sich danach sehnt, daß wir vor Ihm stehen, damit Er uns lieben kann. Wie in allen Momenten und Erfahrungen von Liebe, ist auch im Gebetsleben die Empfänglichkeit wichtig und ein wesentlicher Bestandteil der Beziehung.

Das je eigene Beten kann niemals mit dem von anderen verglichen oder gar danach beurteilt werden, ebensowenig wie die Art, in der jemand mit einer Freundin oder einem Freund umgeht, als Maßstab für andere dienen kann. Das eigene Beten ist, wenn es echt ist, so einzigartig wie der betende Mensch. Es wächst mit uns, und wir kommen dahin, ein für allemal dem Verlangen zu widerstehen, alte und frühere Gebetsformen wieder aufzunehmen, nur um das gute Gefühl jener Tage wieder aufleben zu lassen. Statt dessen sind wir uns bewußt, daß wir uns verändert haben, und daß Gott, der uns zärtlich begleitet, uns auch in unserem neuen Entwicklungsstadium liebt.

Bei all dem Gesagten ist Beten mehr als nur eine persönliche Angelegenheit. Das Beste, das wir der Welt schenken können, ist unsere persönliche Gotteserfahrung. Der menschliche Geist wird von einem oft unausgesprochenen Verlangen getrieben, dem Verlangen nach Gottes Angesicht. Der betende Mensch bringt eine Erfahrung Gottes in die Gesellschaft und ihre Werte ein, die unersetzlich ist für das Überleben des menschlichen Geistes.

Die Beschäftigung mit dem Enneagramm kann eine unermeßliche Hilfe für unser persönliches Gebetsleben darstellen. Es ist ein Geschenk, das uns die Masken und Schutzschilder klar benennt und vor Augen hält, mit deren Hilfe wir uns vor Gott verbergen. Ebenso klar zeigt es uns, welche Kräfte uns in besonderer Weise gegeben sind, und ermöglicht es uns, Art und Weisen des Gebets einzuüben, die uns liegen und unserem Wesen entsprechen – Gebetsweisen, die uns wie auf den Leib geschrieben erscheinen. Wenn wir uns auf das Enneagramm einlassen, kann uns das zu einer wirklichen inneren Stimmigkeit mit dem, was für uns am besten ist, führen, so daß wir es nicht länger nötig haben, zwischen verschiedensten Formen hin- und herzuspringen. Dann wächst unsere Achtung vor den Zugängen, die andere zu Gott finden, und das Konkurrenzdenken, das Formen, die uns nicht liegen, entmystifiziert und abwertet, nimmt ab. Jedes der drei Energiezentren und jede Persönlichkeit hat ihren je eigenen Zugang zum Wort Gottes und zum Wort des Lebens, den es zu entdecken gilt.

Umkehr: Die Frucht des Betens

Wenn wir ins Gebet eintreten, nehmen wir die Einladung Gottes an, Ihm nahezukommen und in Seinem Licht zu stehen. In diesem Licht schauen wir uns selbst, die anderen und die Welt mit den Augen Gottes. Dieses Nähertreten und diese neue Sicht hat ernsthafte Folgen für unser persönliches, zwischenmenschliches und gesellschaftliches Leben. Was wir erblicken, wenn wir willens sind, das Licht auszuhalten, dringt tief in unser Innerstes hinein und beschleunigt eine Sinnkrise. Was hat mein Leben für einen Sinn? Was hat Leben überhaupt für einen Sinn?

Angesichts solcher Fragen bieten überkommene Werte, Plausibilitäten und Lebensstile keine Hilfe. Wir erfahren uns als nackt, ohne schützende Maske, und so vieles, was bis dahin einen Sinn hatte, wird relativiert. Die Momente größter Einheit mit Gott gehen oft mit einer Erfahrung schrecklichen Ungeschützt-Seins einher. Wenn wir diese zulassen, werden wir merken, daß sie die Macht hat, das in uns zu zerstören, was nicht authentisch ist – Dunkelheit, Unfreiheiten und unüberlegte Haltungen.

Die Erfahrung Gottes im Gebet führt uns direkt in das Umfeld unserer menschlichen Gegebenheiten, in dem wir ganz konkret unserer neuen Sichtweise und dem Anruf Gottes antworten und entsprechend können[7]. Unsere ganz persönliche Lebensgeschichte ist der Ort, an dem wir klar erkennen und unterscheiden können, von welchen Werten wir leben und welche Haltungen wir übernommen haben und oft unreflektiert annehmen. Wenn wir so ungeschützt in Gottes Licht stehen, entdecken wir unseren Lebensweg mit der Aufmerksamkeit eines Reisenden, der ein neues Land erkundet. Wir haben einen geschärften Blick für die Wirklichkeiten unseres Lebens und entwikkeln langsam die Fähigkeit zu sagen, wer wir wirklich sind und wer nicht; unsere Grenzen, unsere Fallen, unsere Neigungen, unsere Vorspiegelungen und unsere Unfreiheit treten genauso deutlich hervor wie die wunderbaren Fähigkeiten, die uns zu eigen sind.

Diese neue, geschärfte Aufmerksamkeit lädt ein zu einem reflektierteren Zugang zum Leben. Nach und nach bemerken wir, daß echte Umkehr sich in gewöhnlichen Erfahrungen und menschlichen Beziehungen bemerkbar macht. Wir müssen auf diese Erfahrungen sorgsam achten, auf das, woran wir leiden, auf unsere Sehnsüchte und auf das Leben selbst. Nur wenn wir unsere Erfahrungen reflektieren, erreichen sie die Tiefen unser selbst. Die tatsächliche Sinnkrise kann nur mit einer Reflexion angegangen werden, die fest in unserem Leben verankert ist, und mit einer von innen kommenden Sensibilität für das Leben. Viele Antworten und viel an Sinn können wir in uns selbst finden. Aus unserem Inneren sprießen neue Triebe von Gesundung und Lebensfülle.

Die Hinwendung zum Licht der Wahrheit und der Aufmerksamkeit geht einher mit dem Ruf, sich vom Dunklen und Unechten abzuwenden. Das Unechte hat viele Ge-

---

[7] Vgl. Paul V. Robb, Conversion as a Human Experience, in: Studies in the Spirituality of the Jesuits XIV/3 (Mai 1986), 25.

sichter: das in uns, was nicht gelebt wird, was unfrei ist, was nicht bereit ist zu lieben, um nur einige zu nennen.

All das führt uns zu der Wahrheit über uns selbst und hilft uns, das Licht der Dunkelheit vorzuziehen. Zu unseren stärksten Lichtquellen gehören unsere Bilder, unsere Träume, unsere Gefühle und unsere Vorlieben. Indem wir diese Achtsamkeit pflegen und wachsen lassen, lernen wir besser, füreinander zu sorgen, einander zu lieben und einander zuzuhören; nach und nach lassen wir ein Leben, das in sich nicht heil und ganz ist, hinter uns.

Die Einladungen, die das Gebet uns macht, können uns auch erschrecken. Wir sind eingeladen, gewohnte Wege zu verlassen und Neuland zu entdecken; auf das, was uns auf den bisherigen Reisen unseres Lebens eine Hilfe war, zu verzichten. Wir wissen nicht, was wir finden werden. Irgendwie ahnen wir, daß wir unsere Selbstbestimmtheit in einem gewissen Maße aufgeben müssen. All das macht uns Angst und zieht uns zugleich an. Nur wenn wir unser Vertrauen in einen liebenden Gott setzen, der uns auf unserem Weg begleitet und nicht verläßt, werden wir den Mut finden, die innere Reise ernsthaft zu unternehmen. Die Erfahrung, von Gott geliebt zu werden, ist das Herzstück der geistlichen Erfahrung, ohne die alles wirkliche geistliche Wachstum und alle geistliche Freiheit klein und gering bleibt.[8]

Wie paßt das nun alles mit der Beschäftigung mit dem Enneagramm zusammen? Wir alle kennen die Erfahrung, einen Kratzer in der Schallplatte zu haben, so daß sich der Ton einer Rolle immer und immer wiederholt. Wenn wir um die Schönheit der ganzen Platte wissen und nur wegen dieses Kratzers auf das meiste verzichten müssen, leiden wir unter dieser Begrenzung. Oder wir können uns vor-

---

[8] Robb, a.a.O., 7.

stellen, in einem Zimmer eingesperrt zu sein, das nur ein Fenster besitzt, von dem aus wir unsere Stadt sehen können. Wir würden die Begrenzung spüren und nach mehr verlangen.

Jede und jeder von uns hat als Persönlichkeit im Enneagramm seinen eigenen Kratzer oder seinen eigenen verschlossenen Raum. Wir haben uns daran gewöhnt, durch unsere Idealisierung einen einzigen Aspekt der Wirklichkeit wahrzunehmen – was immer wieder dazu führt, daß wir das Gesamtbild der Wirklichkeit und ihre Schönheit aus den Augen verlieren. Die Kratzer in der Schallplatte spielen uns immer wieder vor: „Ich bin gut, weil ich Erfolg habe" (DREI); „Ich bin gut, weil ich treu bin" (SECHS), „Ich bin gut, weil ich weise bin" (FÜNF).

Von dem einen Fenster in unserem verschlossenen Zimmer aus ist der Blick auf das Leben begrenzt. Es kann sein, daß wir nur das Unvollkommene im Leben sehen (EINS), oder wir erfahren die Welt durchgehend als ungerecht und sehen nur, wie die Menschen einander das Leben schwer machen (ACHT), oder wir sehen nur, wie die Welt nach Hilfe schreit (ZWEI).

Ohne das helle Licht, das wie ein Blitz in einer Sommernacht eine dunkle Landschaft erhellt, können wir die Wirklichkeit nie klar sehen und wundern uns nur, was für ungewöhnliche Landschaften es doch gibt. Ohne die Blitzlichter, die Gott uns im Gebet schenkt, tappen wir weiter in Furcht und Unsicherheit umher. Wesentliche Teile der Schallplatte des Lebens, die uns zur Ganzheitlichkeit verhelfen könnten, bleiben uns verborgen; ebenso bleibt uns eine Sicht des Lebens verschlossen, die uns die Möglichkeiten, freier zu handeln, eröffnen könnte.

Die dauernde Beschränkung unserer Lebenssicht bewirkt in jedem von uns eine bestimmte Gefühlshaltung, die wir in ehrlicher Selbstbeobachtung zu benennen in der Lage sind. Wir können so von Gier nach den guten Dingen des Lebens beherrscht sein (SIEBEN), neidisch auf andere (VIER) oder träge (NEUN) sein. Im Licht der Erkenntnis erfahren wir, womit jede und jeder von uns besonders zu kämpfen hat und welche höheren Tugenden wir uns aneignen müssen, um den spezifischen Beschränkungen unserer jeweiligen Persönlichkeit entgegenzusteuern.

Beim Beten sind wir mit einem Gott zusammen, der uns bedingungslos liebt, unsere Bedürfnisse kennt und auf sie eingeht, und zwar nicht nur, wie wir es verdienen. Er geht mit uns, wenn wir uns in die Gefilde der Freiheit wagen, die Er uns in einem kurzen Aufleuchten hat schauen lassen.

Wie können wir also geborgen und geliebt so bei unserem Gott sein, wie es für jede und jeden von uns am besten ist? Wir hoffen, daß die folgenden Kapitel darauf eine Antwort geben können.

Kontemplation

In den letzten Jahren ist vieles zum Thema Kontemplation geschrieben worden. In der christlichen Spiritualität haben wir gelernt, in Ehrfurcht auf die östliche Weisheit zu hören, um zur selben Zeit den östlichen Religionen die Schatzkammern unserer eigenen geistlichen Tradition großzügig zu öffnen. In den folgenden Kapiteln wollen wir in die Tiefen unserer eigenen reichen Überlieferung eindringen, aber auch die Gaben der östlichen Spiritualität kosten, die unsere Darstellung und unser Verständnis bereichern werden.

Wenn wir von Kontemplation sprechen, ist es wichtig, daß wir uns darüber bewußt werden, wie wir uns oft befinden, wenn wir ins Gebet eintreten. In diesem Zustand leben wir unser Leben. Die Musik des Lebens hören wir nicht; sie spielt im Hintergrund, den wir nicht bewußt wahrnehmen. Wir sehen auch die Sterne nicht, weil unser vielfältiger Alltag selbst so hell ist und soviel an Attraktionen bietet. An den Blumen zu riechen, dazu haben wir einfach keine Zeit. Wir kommen nicht in Kontakt mit unserer eigenen Mitte. Das Tempo des Alltags jagt uns schon zur nächsten Erfahrung, bevor wir noch näher anschauen können, wie wir uns fühlen und wie wir da sind.

Ein Bild, das die Situation verdeutlicht, in der wir ins Gebet eintreten, kann das eines Flugzeuges sein, das auf dem Flughafen gelandet ist. Die Motoren laufen noch immer, wir sind voll von Menschen, beschäftigt mit Ideen und Plänen und oft auch von Hoffnungen und Ängsten bestimmt.

Was suchen wir, wenn wir in die Kontemplation eintreten? Was ist das Ziel der Kontemplation? Grundsätzlich möchten wir sagen: Wir wollen uns bereiten, auf das aufmerksam zu werden, was tiefer liegt; wir wollen uns bereiten, in der Wirklichkeit Gottes zu verweilen. Wir wollen uns bereiten, das auszulassen, was belanglos und oberflächlich ist, und uns der wirklichen Wahrheit das Dinge öffnen und gegenwärtig werden.

Uns stehen Hilfen und Methoden zur Verfügung, die uns dabei unterstützen, diese tiefere Aufmerksamkeit zu erreichen. Die meisten sind vertraut damit, einfach dazusitzen, ein Mandala zu betrachten oder zu malen oder ein Mantra zu rezitieren.

Grundsätzlich gibt es drei Weisen des Zur-Mitte-Kommens, von denen jede für eines der drei Enneagrammzentren nützlich ist. Bevor wir jedoch diese drei Zugangsweisen beschreiben, wollen wir zunächst den Blick auf die drei Zentren selbst und Gottes Weg mit ihnen näher betrachten.

Das Kopf-Zentrum

Die kopfbetonten Menschen (FÜNF, SECHS und SIEBEN) sind die „heimlichen Beobachter/innen" unter den Menschen. Sie haben ein reiches Wahrnehmungsvermögen der inneren Welt, während die äußere Welt zurücktritt. Von ihrem Beobachterposten aus neigen sie dazu, der Wirklichkeit zuzuschauen, ohne sich selbst darin einzubringen. In ihrem Inneren passiert sehr viel, und oft haben sie damit zu kämpfen, es nach außen zu bringen. Die innere Welt der kopfbetonten Menschen besteht aus Gedanken, Plänen, Träumen und auch aus Angst. Sie haben oft starke Gefühle, aber selbst hier fällt es ihnen schwer, sie zu zeigen. Manchmal wirken sie, als fehle es ihnen an echten Gefühlen. Sie sind praktisch veranlagt und fühlen sich wohler dabei, etwas zu tun, als über das Tun zu reden. Gott wird von ihnen zumeist als zum äußeren Bereich zugehörig wahrgenommen; Er ist ihnen vertraut als Freund, Geliebter, Begleiter oder Lehrer. Ihre ganz natürliche Erfahrung führt sie nicht unbedingt zur Wahrnehmung Gottes als in ihnen wohnend. Sie glauben zwar daran, aber im Gebet wenden sie sich Gott spontan als außerhalb ihrer selbst zu. Das verwundert, wenn wir bedenken, wie reichhaltig die Innenwelt ist, in der sie leben. Aber Gott ruft sie nach außen, um Ihm zu begegnen und bringt dadurch ihre innere und äußere Welt zusammen. Diese Menschen werden oft mit offenen Augen beten und ganz natürlich dazu tendieren, eine Kerze anzuzünden.

Das Herz-Zentrum

Die herzbetonten Menschen (ZWEI, DREI und VIER) kann man als die „Fische im Glas" des Enneagramms bezeichnen. Sie erleben die Außenwelt als riesig und ihre innere Welt als sehr gering. Ihre Umwelt holt sie dauernd aus sich heraus und lädt sie ein, sich zu engagieren. Sie fühlen sich ständig durch andere beobachtet und leben von deren Anerkennung. Sie sind wie Wachs in den Händen anderer. Es fällt ihnen schwer, sich nicht dauernd beobachtet zu fühlen, und das ruft bei ihnen quasi eine ständige Ängstlichkeit hervor. Wegen ihres Unvermögens, mit sich selbst in Beziehung zu treten, erscheinen ihre Gefühlsäußerungen als nicht authentisch. Dabei sind sie zutiefst darum bemüht, mit anderen Beziehungen aufzunehmen und von ihnen Bestätigungen zu bekommen. In diesem Zentrum ist das Image-Ich bestimmend.

Gott offenbart sich diesen Menschen als der, der in ihnen wohnen will. Diese Erfahrung birgt für die herzbetonten Menschen die Einladung, sich in die vernachlässigten Räume ihres eigenen Lebens und ihrer Erfahrungen zu begeben. Gott will sie in ihren Gefühlen und Gedanken, ihrem Lieben und Dienen leiten. Auch hier besteht die Gabe, die Gott im Gebet schenkt, darin, die eigene innere und die von Aktivitäten geprägte äußere Welt zusammenzubringen.

Das Leibmitte-Zentrum

Das Bild vom „Schiff auf den Wellen" kann eine gute Umschreibung für die leibbetonten Menschen, die ACHT, die NEUN und die EINS des Enneagramms sein. Ihre innere wie äußere Welt sind gleichermaßen entwickelt, und sie leben abwechselnd in der einen wie in der anderen, wobei

der Wechsel ganz instinkthaft geschieht. Sie sind energiegeladen und spontan. Wie gut ist ihnen die Erfahrung des
Paulus vertraut, die er im Römerbrief (Röm 7, 14–25) beschreibt: in ihrem tiefsten Inneren lieben sie Gott und
Seine Weisung über alles, und doch folgen sie einem anderen Gesetz. Sie wissen um ihre Schwäche, Entscheidungen immer wieder zu durchbrechen, und um die Macht,
die das Spontane, trotz aller guten Vorsätze, in ihrem Leben besitzt. Zorn und Ärger sind ihnen wohlvertraut. Sie
können sich innerlich ganz anders erfahren, als sie in der
Welt leben. Instinktiv grenzen sie die eine von der anderen Welt ab. Bei einer Entscheidung fragen sie oft danach,
wie solche Dinge in der Geschichte entschieden wurden,
und spüren dabei doch wieder eine Differenz zu ihrer inneren Welt.

Leibbetonte Menschen erfahren Gott sowohl in sich
selbst wie auch in der Außenwelt. Dieser innere Zusammenhang des Göttlichen hilft ihnen, ihre Innen- und Außenwelt in Verbindung zu bringen. Sie erfahren Gott
sowohl als Freund, Geliebten, Begleiter oder Lehrer, wie
auch als den, der in ihnen wohnen will. Ihnen tut es gut,
die beiden Weisen des Gebetes miteinander in Zusammenhang zu bringen. Zur Zeit der Gnade, wenn sie sich
den natürlichen Bewegungen der Außenwelt stellen, werden ACHT, NEUN und EINS den Gott ihres Herzens als
das Göttliche der Außenwelt erkennen. Dann wird diese
Beziehung in ihrem Leben sichtbar.

Viertes Kapitel

Kopfbetonte Menschen und Gebet: Sammlung und Meditation

Kopfbetonte Menschen (FÜNF, SECHS, SIEBEN) gehen das Leben in der Art eines Geigespielers an, der zuerst aufmerksam dem Orchester zuhört, um Takt und Tempo zu spüren, bevor er selbst anfängt zu spielen. Sie halten ihren Bogen über die Saiten, die das Leben spielt; und nur wenn sie genau wissen, wann und wie sie einsetzen können, lassen sie ihrer Kreativität freien Lauf. Für FÜNFen, SECHSen und SIEBENen ist es sehr bedeutsam, daß sie sich mit einer Situation verbunden und gleichzeitig fühlen. Es geht vor allem darum, daß sie ihren Ort finden, einen logischen Zusammenhang herstellen und wissen, wie die einzelnen Bewegkräfte in ihnen zusammenspielen. Mit dem Leben nehmen sie Kontakt auf durch Sehen und Einsicht.

In einem Kreis von Leuten wäre es nicht verwunderlich, den Augen eines kopfbetonten Menschen zu begegnen. Sie neigen dazu sich umzuschauen, um sich in eine Situation einzufinden. Auch wäre es nicht ungewöhnlich, wenn eine solche Person sich innerlich mit den möglichen Entwicklungen eines geplanten Vorhabens beschäftigte und dabei die langfristigen Folgen von Entscheidungen erwöge, die sie jetzt treffen muß.

In der Welt zu leben, bedeutet für sie, immer eine Anstrengung zu vollbringen. Es fällt ihnen sehr schwer, sowohl mit Aggressionen wie mit Zuneigungen umzugehen. Sie sind sehr vorsichtig und möchten nicht, daß jemand sich in ihr Leben einmischt. Nachdem sie soviel Mühe darauf verwandt haben, mit dem Leben zurechtzukommen, wäre es schwer für sie, herauszufinden, wie sie sich verhalten sollen, wenn sich ihre Welt zu schnell ändert. Weil sie selber das Bedürfnis haben zu wissen, wo ihr Platz ist und was von ihnen erwartet wird, fällt es ihnen schwer, andere zu unterbrechen oder ihre eigene Sache in einer Diskussion zu verteidigen. Wie alle von uns, so denken auch sie, daß alle Menschen einen ähnlichen Zugang zum Leben haben wie sie selber, und möchten auf keinen Fall etwas kaputt machen.

Kopfbetonte Menschen sind oft sehr vorsichtig, nicht nur, was die Äußerung von Gefühlen angeht, sondern auch im Annehmen derselben. Wenn sie von ihren Gefühlen sprechen, spürt man einen deutlichen Mangel an Wärme und Spontaneität. Sie brauchen Zeit, um sich darauf einzustellen, wenn andere auf sie zugehen, und um den Sinn und die Bedeutung dieser Annäherungen zu bewerten sowie zu überdenken, wie diese sich in das Ganze des Lebens einfügen. Obwohl ihre Gefühle stark entwickelt sein können, wirken diese Menschen doch zuweilen extrem zurückhaltend und manchmal unbeteiligt. Diese Zurückhaltung gehört zu ihrem Bedürfnis, Zeit und Raum zu haben, um sich einen angenehmen Platz in der Realität zu suchen und mit ihrer Umwelt in Harmonie zu leben.

Manchmal ist es verwunderlich, wie zum Beispiel eine SIEBEN einmal der Mittelpunkt einer Party sein kann und ein andermal recht scheu und zurückgezogen bleibt. Dieses Phänomen ist Teil der diesen Personen innewohnenden Suche nach dem eigenen Platz. In der einen Situation fühlte sich die SIEBEN wohl und eingebunden, in der anderen fehlte ihr das.

Dieselbe Dynamik wirkt auch im Bereich von Mode und Lebensstil. Den kopfbezogenen Personen scheint die Gewandtheit in diesen Dingen zu fehlen. Oft brauchen sie länger als andere, um den Anschluß an die letzten Entwicklungen zu finden; selten erscheinen sie „modisch auf der Höhe", und sie sind nicht unter den ersten, die einen neuen Stil annehmen.

Wegen ihres beobachtetenden Verhaltens, in dem sie das Leben an sich vorbeiziehen lassen, erscheinen sie kindlicher als die Leute anderer Zentren. Wir erfahren sie oft als Menschen, die sich Zeit nehmen und nicht ganz sicher sind, was sie jetzt tun oder sagen sollen.

Die Angst ist das Gefühl, das diese Menschen am wenigsten kontrollieren können. FÜNFen, SECHSen und SIEBENen haben Angst, daß ihre bekannte Welt, in der sie sich wohlfühlen, zerstört werden könnte. Sie fürchten Gewalt, Aggression und jegliche Bewegung, die in der Lage sein könnte, sie aus ihrem Gleichgewicht zu bringen. Sogar in einer harmlosen Schneeballschlacht verhalten sie sich spürbar vorsichtig und ängstlich.

Sie haben Angst vor dem Unbekannten, vor dem Unerwarteten. Sie haben ein starkes Bedürfnis zu wissen, wohin sie gehen. Auf einem Weg, den sie mit geschlossenen Augen gehen sollen, blinzeln sie, und sich in die Arme eines anderen fallen zu lassen, ist für sie so schwierig, daß sie zuerst noch einmal hinschauen müssen, um sicher zu gehen, daß der andere auch wirklich da ist, um sie aufzufangen.

Kopfbetonte Menschen können Angst davor haben, einmal gefaßte Pläne einfach umzusetzen. Ihnen fällt es schwer, loszutippen und nicht an jedem Buchstaben des Manuskripts zu hängen, sich dem zu überlassen, der beim Tanzen führt oder eine Fremdsprache frei zu sprechen, ohne Wort für Wort zu übersetzen.

Wie können diese Menschen am besten die nötige Ruhe und Tiefe erlangen, die ihnen erlaubt, vor Gott sie selbst zu sein? Wie können sie *gegenwärtig werden in der Gegenwart Gottes?* – so haben wir in Kapitel 3 das echte Gebet umschrieben. Wie können sie zur Mitte kommen und Frieden und Harmonie in sich finden?

Kopfbezogene Menschen, die viel Zeit in ihrer eigenen inneren Welt leben, erfahren in sich so etwas wie eine hochentwickelte innere Stadt. Sie sind innerlich sehr reich: Ideen können ausgeklügelt, Pläne entwickelt, Möglichkeiten überlegt und wahre Paläste erforscht werden. Ins Gebet einzutreten, gegenwärtig vor der Gegenwart Gottes zu werden, muß für sie bedeuten, ihr natürliches Verlangen danach einzuschränken, in der Ruhe auf die vielen Stimmen, die in ihnen Gehör verlangen, gleichzeitig zu hören und ihnen nachzuhängen.

Das einzige, was kopfbetonte Menschen dabei helfen kann, ist die *focused meditation*[9]. Dabei müssen sie ihre Augen offenhalten, was ihrer bevorzugten Weise des Zugangs zum Leben entspricht, und sich auf ein Objekt wie etwa ein Kreuz, eine Kerze oder den Leib Christi konzentrieren. Das zerstreute Selbst, das sich leicht einer inneren Wanderschaft überläßt, wird durch die Konzentration auf das Objekt gesammelt; die innere und die äußere Welt kommen zusammen, was dem Menschen einen ganzheitlicheren Zustand verleiht. In der Konzentration auf das Objekt wird versucht, eins mit ihm zu werden, indem es verinnerlicht wird oder die eigenen inneren Erfahrungen auf das Objekt übertragen werden. Die eigene Persönlichkeit erfährt so Ruhe und Frieden.

Dieser Zugang zur Mitte verhindert, daß der betende Mensch sich in seiner Spontaneität in hunderte und tausende Gedanken verliert und ihnen nachhängt. Zugleich hilft diese Gebetsform ihm, sich zu konzentrieren, indem

---

[9] Wir selbst haben von den Arbeiten von Naranjo und Ornstein (On the Psychology of Meditation) profitiert, die sich mit östlichen Gebetsformen befaßt und drei verschiedene Zugänge zum Gebet beschrieben haben. Wir haben versucht, das auf die christliche Spiritualität und das Enneagramm zu übertragen.

sein Blick auf das Symbol gerichtet bleibt. Auf diese Art und Weise findet er zu seiner eigenen Mitte.

Jedes Symbol oder Mandala, das gewählt wird, hat seine eigene Bedeutung. Viele unserer Symbole wurden aus der Tiefe menschlicher Erfahrung und Erkenntnis geboren. Das Symbol verweist auf seinen Ursprung und kann so die Person zu den Tiefen ihrer selbst führen.

Manche der kopfbetonten Menschen schaffen sich ihr eigenes Mandala – für gewöhnlich einen Kreis, in dem verschiedene Symbole Bereiche des eigenen Lebens und der eigenen Welt repräsentieren. Wenn man mit einem persönlichen Mandala betet, begibt man sich in einen Prozeß, in dem man auf seine tiefste Persönlichkeit eingeht, die sich in dem Symbol spiegelt, das man sich gewählt hat. Dieses Verweilen bewahrt die Person vor der Gefahr, während der Gebetszeit die eigenen Gedanken wiederzukäuen und dabei ganz unkonzentriert und zerstreut zu sein.

Das Gebet mit einem Symbol oder Mandala ist nüchtern. Wie jedes echte Gebet bringt es uns der Wirklichkeit des Betens näher, die lautet: Beten heißt, Gott mit allen Fasern unseres Selbsts zu suchen und nichts außer ihm. Die Möglichkeit, diese Sehnsucht zu fühlen, ist Gnade und nichts als Gnade. Gott und nur Gott zu suchen, nicht Gedanken über ihn oder Antworten auf unsere Fragen, fordert uns, macht uns aber zur gleichen Zeit großzügig und läßt uns über uns hinauswachsen. Diese Großzügigkeit und Liebe ist eine Gnade, die uns geschenkt wird.

Die dauernde Versuchung, der kopfbetonte Menschen im Gebet ausgesetzt sind, ist das Nachhängen an eine Vielzahl von verschiedenen Ideen und Gedanken, die alle Aufmerksamkeit verlangen und nicht gebündelt werden. Das Gebet mit dem Mandala bedeutet, dieses Anhängen zu verneinen. Diese Gebetsweise sagt Nein zu vielem, was gut und es vielleicht durchaus wert ist, weiterverfolgt zu werden, um auf die größere Gnade zu antworten, auf den Ruf, sich allein Gott zuzuwenden.

Das Symbol oder Mandala wird für die Meditierenden zu einer Leinwand, auf die sie Aspekte ihres Verlangens nach Gott projizieren. Die Qualität der ‚Leinwand' ist dabei von einiger Bedeutung. Ein Symbol sollte sorgfältig ausgewählt und dann dauernd beibehalten werden. Wichtig ist auch, daß es möglichst einfach ist, damit seine Schönheit oder Vielschichtigkeit nicht von einem einfachen Betrachten ablenken. Auch das Mandala sollte einfach sein; ist es zu kompliziert, kann es genau das Gegenteil von dem bewirken, was man sich erhofft: es wird dann zum Ausgangspunkt vieler Gedanken und Ideen, ein einfaches Betrachten wird nahezu unmöglich. Für die Konzentration ist es hilfreich, wenn das Symbol sich in einem stillen Raum befindet, der weder zu hell noch zu dunkel ist, so daß seine Konturen nicht überscharf hervortreten, aber auch nicht zu sehr verschwimmen. Wiederholte Meditationen mit demselben Symbol oder Mandala geben diesen eine größere Tiefenschärfe und verbessern die Chance, daß einen das Symbol oder Mandala zur Mitte kommen läßt[10].

Ein Mantra, ein immer wieder wiederholtes Wort oder ein Satz verhelfen kopfbetonten Menschen zu mehr Konzentration. Dabei ist aber der übliche Weg, ein Mantra zu gebrauchen, bei dem das gewählte Wort im Inneren wiederholt wird, ohne auf seine Bedeutung zu achten, nicht sehr hilfreich. Viel besser ist es, das gewählte Wort, den Satz oder einen der Namen Gottes immer wieder auszusprechen und darauf zu hören. Wichtig ist auch, daß den Worten selbst Aufmerksamkeit geschenkt wird; die Kon-

---

[10] Vgl. Naranjo/Ornstein, a.a.O., Kapitel 2; für die Symbolkraft der Eucharistie vgl. auch William Johnston, Christian Mysticism Today, San Francisco 1984, 105–115.

zentration auf die Bedeutung der Worte hilft, die innere Welt der kopfbetonten Menschen zu sammeln. Die Konzentration kann zu einer immer weiteren Ablösung von dem Lärm und Durcheinander im eigenen Kopf führen. Während das Mantra geflüstert, ausgesprochen, gesungen oder von einer Cassette gehört wird, soll das Herz daran denken, was es aussagt. Der Verstand wird so immer ruhiger und läßt sich im Herzen nieder. Die Gesänge aus Taizé zum Beispiel tun kopfbetonten Menschen sehr gut.

Das Jesusgebet „Jesus, Sohn Davids, erbarme dich meiner!" (vgl. Mk 10,47) kann, wenn es mit Ehrfurcht und Aufmerksamkeit gesprochen wird, für FÜNFen, SECHSen und SIEBENen zu einer Quelle echter innerer Ruhe und Verwurzelung im Herzen werden. Eine dritte Möglichkeit für kopfzentrierte Menschen, zur Mitte zu kommen, kann eine sich wiederholende Bewegung des Körpers sein, die der betenden Person einen Sinn für ihre innere Tiefe und für ihre Gefühle erschließt. Spontaner Ausdruckstanz konzentriert sie auf ihre Herzenswirklichkeit und befreit sie von der Vorherrschaft ihrer eigenen Gedanken, Ideen, Pläne und Ängste. Oft wirkt schon das Anschauen eines liturgischen Tanzes konzentrierend auf kopfbetonte Menschen und ist etwas, was sie von Natur aus mögen.

Wenn sie sich auf Gott konzentrieren, bemerken kopfbetonte Menschen, wie sie in dem Verlangen danach, den Willen Gottes zu erkennen und zu tun, eine Einheit mit Gott suchen. Sehr selten ist eine FÜNF, SECHS oder SIEBEN in der Lage, einen Grund zu nennen, auf Gott wütend zu sein; Impulse von geistlichen Begleiterinnen und Begleitern in dieser Richtung sind für sie nur schwer zu verstehen oder nachzuvollziehen. Ihr Bild von Gott ist, daß Er ein umfassendes Gesetz geschaffen hat, dessen Wert sie sehr hochschätzen. An den Verwirrungen im Leben der Menschen sind diese selbst schuld, und die eigentliche Ursache von Schmerz und Leid sehen kopfbetonte Menschen im Abirren vom Weg göttlicher Ordnung und in der Torheit der Menschen. Körperliche Schwäche ist in ihren Augen Ausdruck des Verfalls, der allem menschlichen Leben einprogrammiert ist. Ihre Erfahrung korrespondiert eng mit der, von der Paulus in Röm 8, 18–25 spricht. Kopfbetonte Menschen sehen die Harmonie und Schönheit des Lebens darin, wenn es gemäß Gottes Plan gelebt wird, und sie suchen danach, eins zu werden mit dem Willen Gottes, der für sie nur eine andere Weite ist, Gott zu benennen.

Was das Beten von kopfbetonten Menschen weiterhin kennzeichnet, ist, daß sie im Gebet von Natur aus mit einer Gesamtschau beginnen und dann in Einzelheiten gehen. So kommt es ihnen entgegen, von einem allgemeinen Gebot wie „Liebt einander, wie ich euch geliebt habe" auszugehen und dann eine spezielle Situation in ihrem Leben anzuschauen, in der dieses Gebot sie herausfordert.

Bei der Schriftbetrachtung fallen kopfbetonte Menschen nicht von sich aus in ein freies Gebet, das von der Schriftstelle inspiriert ist, oder in ein Gebet, das vom Herzen kommt, sondern bleiben an einer Zeile oder einem Ausdruck hängen. Die Worte, von denen sie sich angesprochen fühlen, werden in der Art eines Mantra aufgenommen. Dabei sollten sie der Bedeutung der Worte, die sie anziehen, mehr und mehr Aufmerksamkeit und Überlegung widmen, damit sie schließlich mehr und mehr loskommen von ihrem eigenen Ich und den Gedanken, die sie über Gott und die Welt haben, und immer mehr befähigt werden, in der Wahrheit Gottes zu leben.

Wenn kopfbetonte Menschen dem Wort und der Welt Gottes beim Lesen der Heiligen Schrift begegnen, suchen sie darin zugleich Erfahrungen aus ihrem eigenen Leben. Das spiegelt ihr Gefühl für den Einklang allen Seins sowie ihre starke Sehnsucht nach Zusammenhängen und Harmonie.

Ein geistliches Thema, das bei kopfzentrierten Menschen, die das geistliche Leben sehr ernst nehmen, oft auftaucht, ist das Exodusmotiv. Länder und Bereiche, in denen Versklavung existiert, fallen ihnen ein, und sie spüren ein starkes Bedürfnis nach Befreiung und Freiheit, Sklaverei kann viele Gesichter haben. Sie reichen vom Glauben, der nicht hinterfragt wurde, über unaufrichtige Beziehungen bis zu falschen Sicherheiten. Diese Menschen werden danach streben, mit Ehrlichkeit und Klarheit die Orte falscher Verehrung zu verlassen und durch ihre je eigene Wüste den Weg zur Freiheit zu suchen.

Bei ihren Versuchen zu beten, zu mehr Freiheit zu gelangen und Gottes Willen zu finden, vertrauen sie gerne einer ‚Landkarte'. Sie müssen nicht unbedingt Pioniere sein und alles selber entdecken. Vielmehr vertrauen sie sich gerne großen Heiligen an wie Teresa von Ávila, Johannes vom Kreuz, Katharina von Siena oder Ignatius von Loyola und sitzen dann zu Füßen ihrer Meisterin oder ihres Meisters. Mit großem Gewinn entdecken sie geistliche Klassiker wie die „Innere Burg", den „Aufstieg zum Berg Karmel", die „dunkle Nacht", den „Bericht des Pilgers" und andere. Mit unbändigem Verlangen schöpfen und trinken sie aus den Quellen der Weisheit, die in diesen Schriften sprudeln.

Einfache Gebetsformen erfahren kopfbetonte Menschen oft als nützlich und befreiend. Sie lieben die Ordnung des Kirchenjahres und passen sich ihr gerne und mit einigem Gewinn an. Strukturen sind Mittel, die denen, die innerlich oft zerrissen sind, helfen, sich zu konzentrieren. Sie brauchen dabei aber nicht die ganze Gottesdienstordnung aufzurollen, um einen Gottesdienst im kleinen Kreis vorzubereiten. Bestehende Formen geben ihnen die Möglichkeit, sich zu konzentrieren und immer tiefer in den Bedeutungsreichtum der Heiligen Schrift als ganzer oder des Psalters im besonderen einzudringen. Es fällt ihnen im allgemeinen leicht, bestehende Formen zu benutzen, um darin tiefe Bedeutungen und Wege zu einer echten Gottesbegegnung zu finden.

Wenn ein kopfbetonter Mensch eine/n geistliche/n Begleiter/in sucht, wird er dabei sehr vorsichtig sein; wenn er sich aber sicher ist, daß diese Person ihn gut begleiten kann, wird er ihr voll vertrauen und in beinahe kindlicher Anhänglichkeit die Impulse aufnehmen, die sie/er ihm gibt, wenn diese nur logisch erscheinen.

Fünftes Kapitel

Herzbetonte Menschen und Gebet: Ausdrucksvolles Beten

Kopfbezogene Menschen, so haben wir im vierten Kapitel gesagt, gehen das Leben nach der Art eines Geigenspielers an. Wenn wir auf der musikalischen Bildebene bleiben wollen, können wir die herzbetonten Menschen eher mit der Geige selbst vergleichen, deren Saiten das Leben anregt. Herzbetonte Menschen antworten auf das, was von außen auf sie zukommt. Die Nöte und Wertvorstellungen, die Menschen an sie herantragen, und die Erwartungen, die die Gesellschaft an sie hat – all das sind Finger, die die Saiten ihres Lebens streichen und je nach ihrer Veranlagung zum Klingen bringen: die ZWEI ist empfänglich für die Nöte der Menschen, die DREI achtet darauf, was andere von ihr halten, und die VIER darauf, wie die anderen ihre Gefühle einschätzen.

Der Geschmacks- und der Tastsinn sind bei herzbetonten Menschen besonders stark entwickelt. Sie scheinen geradezu dauernd zu schmecken, was andere von ihnen halten und erwarten, und andere Menschen lassen sie nie unberührt. Es fiele ihnen unglaublich schwer, einfach ihr Leben zu leben, ohne darauf zu achten, wie die anderen sie wahrnehmen, und dann auch entsprechend darauf zu reagieren. Der Einfluß, den die Außenwelt auf die ZWEI, die DREI und die VIER hat, darf bei der Vorstellung und Beschreibung dieser Menschen nicht beiseite gelassen werden. Aus gutem Grund wird das Ichbewußtsein dieses Zentrum als „Image-Ich" beschrieben; denn die Fragen, die sie sich und dem Leben stellen, lauten: Mit wem bin ich zusammen? Wer hilft? Wer mag die Menschen? Mögt ihr mich oder nicht?

Diese Persönlichkeiten haben es am schwersten mit sich selber. Die unergründeten Ebenen des menschlichen Lebens finden sie auf den Wegen und geheimen Plätzen ihres eigenen Innern.

Ob sie sich für gut oder schlecht halten, beurteilen sie oft danach, wie andere auf sie reagieren. Weil sie so denken und urteilen, fällt es ihnen leicht, die Zuneigung anderer Menschen spontan anzunehmen. Sie fühlen sich angenommen und geschätzt, wenn andere ihnen warmherzig und liebevoll begegnen und diese Wärme ausdrücken, indem sie ihnen körperlich oder seelisch nahekommen. Ihr Gefühl für innere Ehrlichkeit und Übereinstimmung kann von der Bedeutung überlagert und getrübt werden, die die herzbetonten Menschen der Annahme von seiten anderer beimessen. Umgekehrt lehnen herzbetonte Menschen Formen der Aggression stark ab. Aggression wird von ihnen sehr oft als Ablehnung bewertet: „Du bist nicht in Ordnung"; „Du entsprichst nicht meinen Maßstäben von Hilfsbereitschaft, Erfolg oder Eleganz". Ob sie mit ihren eigenen Vorstellungen Erfolg haben, beurteilen herzbetonte Menschen sehr stark nach den Reaktionen der Außenwelt und nicht so sehr aus sich selbst heraus, wie einige der anderen Persönlichkeiten.

Beziehungen spielen eine sehr große Rolle für die Menschen des Herz-Zentrums. Auf sie treffen Adjektive wie ‚sozialbewußt', ‚personenorientiert' und ‚subjektiv' zu. C. G. Jung würde sie eher der weiblichen als der männlichen Seite zuordnen. Generell kümmern sie sich stark um die Meinung anderer.

Der Einfluß, den die Außenwelt auf diese Persönlichkeiten besitzt, ist noch auf einer weiteren Ebene zu erkennen. Herzbetonte Menschen neigen dazu, ihr äußeres Erscheinungsbild und insbesondere ihre Kleidung anderen anzupassen. Sie spüren ein Bedürfnis, mit der Mode zu gehen und kleiden sich oft nach dem neusten Stil. Der Ausspruch: „Wenn du wie von gestern aussiehst, kannst du dich gleich begraben lassen" findet bei ihnen einigen Anklang. Die ZWEIen sind davon vielleicht noch am wenigsten berührt, dies aber nur, weil ihre Besorgtheit um die Nöte anderer so stark ist, daß ihnen für Aufmerksamkeit auf ihre äußere Erscheinung nicht genug Aufmerksamkeit bleibt.

Weil diese Menschen ihr inneres Gleichgewicht aus den Botschaften und Signalen der Außenwelt beziehen, leben sie in einer ständigen latenten Besorgtheit, nicht offen und sensibel genug für die Weisungen des Lebens zu sein und den Erwartungen der anderen nicht zu entsprechen. Diese Ängstlichkeit, dieses Abhängigmachen der eigenen Person von den Weisungen der äußeren Welt kann Spontaneität und Kreativität verkümmern lassen; es zu riskieren, ohne Anerkennung zu sein, ist für herzbetonte Menschen gleichbedeutend damit, den Boden unter den Füßen zu verlieren.

Besonders stark kann diese Angst in ihnen hochkommen, wenn sie alleine sind oder ein Alleinsein bevorsteht: Wer wird mir jetzt sagen, wo es lang geht? Wie kann die Musik meines Lebens sich entfalten, wenn niemand meine Saiten berührt? Wer wird in meiner Einsamkeit meiner Musik lauschen und sie zu schätzen wissen? Der Gedanke an längere Exerzitien oder an eine Wüstenerfahrung kann durchaus jemanden ängstigen, der es gewohnt ist, unter Menschen zu sein, die einem mit ihrer Zustimmung oder Kritik zugleich die nötige Energie geben, um zu handeln. Herzbetonte Menschen haben Angst vor innerer Leere: der Weg nach innen kann einen in Schrecken versetzen, und die Einsamkeit kann bei dem, der seine inneren Quellen noch nicht entdeckt hat, zu Lähmung führen.

Um dem Schrecken der eigenen Innenwelt begegnen zu können, muß der herzbetonte Mensch die Wahrheit entdecken, die das Autorenpaar Whitehead in *Seasons of Strength* so ausdrückt:

> „Die Vertrautheit mit mir selbst ist eine Tugend, die mich in der Achtsamkeit und Annahme dieses einzigartigen Menschen, der ich zu werden im Begriff bin, wachsen läßt. Sie ist die Kraft einer gereiften Liebe zu mir selbst, von der aus ich andere lieben und für sie sorgen kann."[11]

Der Weg nach innen, der für die herzbetonten Menschen ein Weg zu mehr Selbstvertrautheit werden kann, wird durch einen übermäßigen Einsatz in der Außenwelt und durch Hyperaktivität sehr bedroht und oft blockiert. David Steindl-Rast beschreibt in *Gratefulness, the Heart of Prayer*, was für viele ZWEIen, DREIen und VIERen gilt:

> „Unsere Aktivitäten wirken wie Zentrifugalkräfte; sie ziehen uns von der Mitte weg zu Sorgen, die weit außen liegen. Je schneller sich unser Leben dreht, desto stärker wirken sie. Wir müssen dem gegensteuern und uns in der ruhigen Mitte unseres Herzens festmachen."[12]

In ihrem tiefsten Innern wissen herzbetonte Menschen um den Ruf, sich in ihrem Herzen zu verankern und festzumachen; und doch fällt es ihnen schwer, mühsam suchen sie Wege, dem Zug der Außenwelt zu widerstehen.

---

[11] Evelyn Eaton Whitehead/James D. Whitehead, Seasons of Strength, Garden City 1986, 101.
[12] David Steindl-Rast, Gratefulness, the Heart of Prayer, New York 1986, 181.

Gott offenbart sich ihnen als der, der in der Tiefe ihres Herzens wohnt. Beten nimmt für sie seinen Anfang damit, auf die leise ruhige Stimme Gottes zu hören, die in ihnen da ist und sie dazu ruft, die äußere Welt mit ihren Forderungen und Bedürfnissen zu verlassen und in der eigenen Wahrheit zu verbleiben. Sie sind eingeladen, Tor nach Tor zu durchschreiten und ihre eigene ihnen oft fremde innere Welt zu betreten. Dieser Weg durch die Tore ist so schmal, daß es unmöglich ist, irgendwelche Anweisungen oder Pläne mitzunehmen. Ein vorgeschriebener Handlungsablauf für den Weg nach innen existiert nicht; vielmehr erfordert dieser Weg von konzentrierten Menschen die Bereitschaft, Routen zu beschreiten, die er nicht kennt, die er nie gegangen ist und von denen keine Landkarten existieren. Wer so gehen will, muß auf seine unvorhersehbare Spontaneität vertrauen, die sich in unmittelbaren Erfahrungen, Gefühlen und Sehnsüchten äußert. Herzbetonte Menschen beginnen zu beten, wenn sie sich ihrer inneren Welt wirklich bewußt werden. Bewußtwerdung und Aufmerksamkeit richten sich für sie nicht auf ein äußeres Objekt – etwa ein Mandala – wie für die kopfbetonen Menschen, sondern auf die eigene innere Welt. Ihre eigene Wut, ihre Sorgen, Freuden und Ängste werden Themen ihrer Meditation. Wenn diese Gefühle auftreten, sollen sie zugelassen und angenommen werden; indem man sich ihnen mit großer Aufmerksamkeit zuwendet, wird man vielleicht verstehen, woher sie kommen und was sie einem sagen wollen. Beten besteht ja nicht im Analysieren von Gefühlen; Gebet findet statt, wenn Gott und der betende Mensch im Beten zusammenkommen; andernfalls wird daraus eine einfache Selbstbeobachtung. Für herzbetonte Menschen ist es wichtig, zunehmend bereit zu werden, sich ihr Inneres in das Bewußtsein zu rufen und gleichzeitig immer durchlässiger auf Gott hin zu werden, Ihm alles anzuvertrauen und zu übergeben. Es kann gar nicht genug betont werden, daß herzbetonte Menschen bereit werden müssen, sich auf die spontanen Eingebungen einzulassen, die aus der Tiefe ihres Selbsts aufsteigen, und sich ihrer eigenen Wahrnehmung zuzuwenden statt der anderer Menschen. Sie müssen lernen, für sich das Recht zu beanspruchen, ihr inneres Leben selbst zu bestimmen.

Für ihr Beten hilft es ihnen nicht – wie schon angedeutet –, sich wie die kopfbetonten Menschen auf ein äußeres Objekt oder ein Wort zu konzentrieren; sie sollen vielmehr bei dem verbleiben und das meditieren, was spontan aus ihrem Innern auftaucht. Überhaupt ist Spontaneität ein Schlüsselwort für diese Art der Kontemplation: sich zu öffnen und geschehen zu lassen, was geschieht, gleicht dem natürlichen Vorgang des Atmens. Wir sollen ja auch versuchen, auf den Atem zu achten, ohne ihn zu manipulieren. [13]

Auf jeden Fall sollen herzbetonte Menschen im Beten sich selbst ausdrücken, damit ihr wahres Selbst aus dem Innern aufsteigen und sich entfalten kann. So können sie die Maske ablegen, die sie tragen, um anderen zu gefallen. Es bedarf der dauernden Anstrengung, beim Beten seine eigenen Gefühle und Regungen zu spüren; aber für die, die ernsthaft ein geistliches Leben führen wollen, wird daraus eine echte Freiheit erwachsen, sich selbst auszudrücken und den eigenen Glauben zu bezeugen. Dann und nur dann wird das wahre Selbst, der Mensch, der sie wirklich sind, ungeschützt und durchlässig vor Gott stehen können. Dieser Zustand ist so anstrebenswert, daß man in manchen Religionen versucht, ihn über den Konsum von Drogen zu erreichen.

---

[13] Claudio Naranjo / Robert E. Ornstein, On the Psychology of Meditation, a.a.O., 115.

„Drogen sind traditionell als Katalysatoren eingesetzt worden, um sich wirklich selbst ausdrücken zu können und sich in die prophetische Haltung zu versetzen."[14]

Aus christlicher Sicht empfehlen wir selbstverständlich keine Drogen; wir wollen lediglich beschreiben, daß sie den gewünschten Effekt bei Menschen herbeiführen, die in ihrem Selbstbewußtsein durch die Meinungen anderer blockiert sind. Drogen können aus dieser Versklavung an die äußere Welt befreien, aber – und darin stimmen alle überein – sie führen in eine neue Abhängigkeit.

Bei der Schriftbetrachtung gehen herzbetonte Menschen einen ganz anderen Weg als kopfbetonte Menschen. Um der Wahrheit Gottes näherzukommen, brauchen die letzteren ein Ordnungsprinzip:

„Das Ordnungsprinzip beruht auf der Aussage: Hier ist Wahrheit; nimm sie auf und mache sie dir zu eigen."[15]

Für herzbetonte Menschen gilt:

„Die Wahrheit liegt in dir; du kannst ihr nur begegnen, wenn du die vorgefertigten Antworten beiseite läßt."[16]

Für jedes Zentrum gibt es einen eigenen Weg, der Wahrheit des Wortes Gottes zu begegnen, der den Stärken und Schwächen ihres Umgangs mit sich und der Welt entspricht.

Kopfbetonte Menschen werden bei der universalen Wahrheit beginnen und von da aus zu deren Ausprägung im eigenen Leben gelangen; herzbetonte Menschen wer-

---

[14] Ebd., 117.
[15] Ebd., 129.
[16] Ebd., 129.

den den umgekehrten Weg gehen und bei den eigenen Lebenserfahrungen ansetzen, um von da aus an das universelle Prinzip zu führen. Ein Beispiel dafür kann sein, wie wichtig es für ZWEIen, DREIen und VIEREN ist, den Schmerz in einer Beziehung auszuhalten. Von dieser Erfahrung aus und von allem, was sie hervorruft, begegnen sie dem Wort Gottes in der Heiligen Schrift, das sie in ihren innersten Gefühlen und Regungen anspricht. Wenn diese Menschen ermutigt werden, sich im Gebet dem Lauf ihres Lebens und ihrer Gefühle spontan zu überlassen, können sie eine Schriftstelle lesen und sich dabei ganz von ihren Vorstellungen leiten lassen. Die ignatianische Methode der „Zurichtung des Schauplatzes" kommt ihnen entgegen und ist sehr fruchtbar für sie.

Das ausdrucksstarke Beten, das aus der eigenen Mitte kommt, führt zu einer Selbstsicherheit und Selbstbeherrschung, die außerordentlich befreiend ist. So können herzbetonte Menschen ihrer Kreativität freien Lauf lassen und dazu kommen, äußere Gesetzmäßigkeiten und überkommene Handlungsweisen hinter sich zu lassen. Sie wissen um die Stimme, die sie in ihrem tiefsten Innern, zu ebendieser Freiheit beruft, und sie wissen, daß sie sich ihrer Fremdbestimmtheit einerseits und andererseits dem Ruf, sie selbst zu sein, die eigenen Gedanken zu denken, die eigenen Gefühle zu fühlen und die eigenen Entscheidungen zu treffen, mehr und mehr bewußt werden müssen.

Träume sind hervorragend geeignet, herzbetonten Menschen Zugang zu ihrer inneren Welt zu verschaffen. Im Schlaf sind die Gefühle und Befürchtungen, die im wachen Zustand unterdrückt werden, oft viel besser zugänglich. Wenn den Träumen Aufmerksamkeit geschenkt und erkannt wird, welche Gaben sie enthalten, wird man die Weisheit und Wahrheit aus ihnen dankbar annehmen können. Es gibt viele ausgezeichnete und gut lesbare Bücher, die sich mit Träumen beschäftigen[17]. Sich mit der Analyse von Träumen zu beschäftigen, kann für herzbetonte Menschen sehr wertvoll sein, denn von allen Persönlichkeiten im Enneagramm brauchen sie am ehesten Hilfestellung, ihrer eigenen Innenwelt zu begegnen. Es gibt einfache Hilfen, die es ermöglichen, aus der Weisheit, die in den Träumen zutage tritt, Nutzen zu ziehen. Eine davon ist es, den Traum als ganzen anzugeben: gib deinem Traum einen Titel, der spontan als Antwort auf die Frage „Wie würde ich meinen Traum benennen?" erwächst. Sodann benenne seine *Thematik,* rufe dir all die Einzelthemen ins Gedächtnis, die in ihm eingeschlossen sind. Wenn es davon mehrere gibt, bringe sie in eine Reihenfolge. Zum dritten benenne den *Eindruck,* den du dabei hast, alle vorherrschenden Gefühle oder gefühlsmäßigen Kräfte, die in dem Traum vorkommen. Wenn sie einer Anordnung folgen, nimm auch das zur Kenntnis. Schlußendlich stellt dein Traum dir eine *Frage.* Was wirst du gefragt? Was will dein Traum dir bewußt machen?

Wenn wir über das Beten sprechen, sind Zerstreuungen beim Beten ein wichtiger zu berücksichtigender Punkt. Kopf- und herzbetonte Menschen sollen diese ganz verschieden angeben. Für die ersteren ist Disziplin das Entscheidende; denn sie haben ein spontanes Bedürfnis, den Ideen und Gedanken nachzuhängen, die ihnen beim Beten kommen und laufen so Gefahr, die Mitte und Konzentration zu verlieren, nach der sie doch suchen.

Wenn wir uns ins Gedächtnis rufen, daß Zwanglosigkeit und Spontaneität für herzbetonte Menschen der Schlüssel zum Beten sind, dann müssen sie geradezu ihren Zerstreuungen folgen. Als Menschen, die Wert auf ihr

---

[17] Zu nennen sind u.a. Louis M. Savary u.a., Dreams and Spiritual Growth, New York, 22–24 und John A. Sanford, Dreams and Healing, New York 1978.

Image legen, werden sie von außen Stimmen hören, die ihnen einreden, Zerstreuung sei etwas Ungutes. Das kommt von außen und nicht von innen, und sie werden dazu neigen, Zerstreuungen zu widerstehen. Doch wenn sie ihnen folgen, kommen sie in Berührung mit dem, was sie wirklich bewegt. Wichtig ist dabei zu bemerken, daß nicht allen Zerstreuungen die gleiche Bedeutsamkeit zukommt. Einige davon sind lästig wie Fliegen: die Kleinigkeiten im Leben, die durch jedes Gebet huschen. Sie können losgelassen werden. Seine Zeit mit Fliegenschlagen zu verbringen, ist sinnlos. Die wichtigeren Zerstreuungen, die herzbetonte Menschen gerne anschauen und erforschen sollen, sind Gedanken, die um Beziehungen kreisen, um die Zukunft, um Gefühle usw. Wer seinen Zerstreuungen folgt, kann so zur eigenen Mitte und zur eigenen Wahrheit gelangen.

Eine Gebetsform wie die charismatische, die Begeisterung und Ekstase erlaubt, liegt herzbetonten Menschen sehr. Die Gemeinschaftselemente dieser Gebetsform und ihre Spontaneität kommen den Bedürfnissen von herzbetonten Menschen sehr entgegen. Für ZWEIen, DREIen und VIERen ist es von größter Wichtigkeit, das eigene Leben zu entfalten und den eigenen Weg und Werdegang gelten zu lassen; zu Gott und zu einem Leben in Fülle gelangen wir nur, indem wir uns ihnen öffnen, und nicht durch die Übernahme von Werten und Rollen, die die Gesellschaft uns auferlegt.

Den Menschen des Herzzentrums kann es selbst im Gebet schwerfallen, das zu tun, wonach sie Lust verspüren. Stattdessen können sie fortfahren, den Erwartungen der Gesellschaft oder der Kirche Rechnung zu tragen, und sich dauernd fragen, warum ihr Beten ihnen so anstrengend erscheint und sie sich nie ganz als mit sich selbst in Einklang stehend erfahren. In begleiteten Exerzitien werden sie versuchen, den Erwartungen der Begleiterin oder des Begleiters zu entsprechen und, statt sich der wirklichen Führung durch den Geist Gottes zu überlassen, unbewußt die Gebetserfahrungen produzieren, von denen sie annehmen, daß die begleitende Person Gefallen daran hat. Gottes Geist wird sie des öfteren in die Tiefen ihres eigenen Lebens führen, und was dabei herauskommt, wird nicht immer dem entsprechen, was sie sich als Resultat ihres Gebetes vorgestellt haben. Bei der Exerzitien- und die geistlichen Begleitung von ZWEIen, DREIen, und VIERen sollte sehr darauf geachtet werden, daß diese sich *darauf einlassen, sie selber zu sein.* In diesem Raum, in dem sie nicht beurteilt werden, werden sie vielleicht zum ersten Mal die Erfahrung machen, so angenommen zu sein, wie sie wirklich sind. Diese Erfahrung kann sie dazu ermutigen, auch bei anderen Gelegenheiten durchlässiger zu werden.

Nicht nur auf der Ebene zwischenmenschlicher Beziehungen fällt es den herzbetonten Menschen schwer, sie selber zu sein. Wir alle kennen den Satz: „Du verhältst dich Gott gegenüber, wie du dich anderen gegenüber verhältst." Das Image-Ich des Herz-Zentrums verleitet sie dazu, auch Gott so gegenüberzutreten, wie sie sich selber gerne sähen. Die ZWEI wird ständig bemüht sein zu schauen, wie sie Gott dabei helfen kann, auf die Bedürfnisse der Welt zu reagieren; die DREI wird versuchen, das Bild des erfolgreichen Seelsorgers und der glücklichen Partnerin aufrechtzuerhalten und findet es selbst bei Gelegenheiten allergrößter Intimität sehr schwer, den Schmerz eines Versagens oder eines Treuebruchs im Gebet vor Gott zu bringen. Die VIER kann, weil sie über eine gesteigerte Ausdrucksfähigkeit von Gefühlen verfügt, dazu verleitet werden, sich unwirklichen Gefühlen, die sie im Leben berühren, zu überlassen, statt einfach vor Gott da und bei ihm zu sein.

Der Geist Gottes wirkt in den Herzen der Menschen. Bei den herzbetonten Menschen muß er sich gegen viele andere Stimmen behaupten; darum ist es so wichtig, daß sie das, was er in ihnen schafft und freisetzt, achten und dazu ihren Zugang finden.

Herzbetonte Menschen sollten auch ermutigt werden, sich ihren Zweifeln zu stellen und sie zu ergründen. Das kann ihnen Angst machen, weil sie fürchten, sich dann in einer für sie unangemessenen Weise auszudrücken. Aber den eigenen Zweifeln und der eigenen Wahrheit gegenüberzutreten und sie anzuschauen, ist der einzige Weg, der sie zu echtem Leben führt. Nur wer den dämonischen Kräften in sich gegenübertritt und sie beim Namen nennt, wird Macht über sie gewinnen können. Thomas Merton hat seinen Novizen nahegelegt, sie sollten sich vorstellen, daß sie vor einem tiefen dunklen Teich stünden, in dessen Tiefe Ungeheuer lauerten. Sie sollten solange auf das Wasser schauen, bis nach und nach alle Ungeheuer einzeln aus der Tiefe aufgetaucht seien. Nach einer Weile würden sie jedes einzelne Ungeheuer angeschaut und benannt haben. Durch das Benennen würden sie imstande sein, das zu beherrschen, was sich da in dieser unseligen Tiefe befindet, und nicht mehr überrascht und überrumpelt von dem sein, was von dort her auftauchen kann. Der Teich versinnbildlichte die innere Welt der Novizen. Herzbetonte Menschen sind oft erstaunt über ihre eigene Wut, ihren Stolz oder ihre Eifersucht. Weil sie sich in ihrem Innern nicht auskennen, wissen sie nicht, was da tief in ihnen alles lauert. Die dämonischen Kräfte zu benennen, ist der erste Schritt und die Voraussetzung dafür, mit ihnen ins Gespräch zu kommen und die Kraft, die in ihnen steckt, vielleicht in Kreativität umzuwandeln.

Auch die Unterscheidung der Geister ist lebenswichtig für die Menschen des Herz-Zentrums. Unterscheiden ist einfach ein Vorgang der Aussonderung. Weil zu diesem Thema schon viel geschrieben worden ist, wollen wir uns kurz fassen. Die Grundlage für die geistliche Unterschei-

dung ist es, anzuerkennen, daß wir nicht jedem Geist vertrauen können, die verschiedenen Geister prüfen müssen
(vgl. 1 Joh 4,1–3). ZWEIen, DREIen und VIERen müssen
die Geister, die in ihnen sind, prüfen und scheiden. Sie
müssen auf die Finger achten, die die Saiten ihres Lebens
zupfen, und klären, welche davon wirklich durch die
Gnade Gottes bewegt werden und welche dämonischen
Kräften unterliegen. Das ernsthafte Eintreten in das aus-
drückliche Beten, wie wir es in diesem Kapitel beschrieben
haben, ist dazu unerläßlich.

Sechstes Kapitel

Leibbetonte Menschen und Gebet: Stilles Beten

Den leibbetonten Menschen (ACHT, NEUN und EINS) liegt eine äußerst einfache Art zu beten – das stille Gebet. Die Kraft, die in diesen Menschen steckt, ist stark und unmittelbar. Sie reagieren schnell auf Dinge und Situationen, um die Wirklichkeit durch die Ausübung von Macht (ACHT), durch ruhiges Aussitzen (NEUN) oder durch Rechtschaffenheit und Ordnung (EINS) im Griff zu behalten. Sie sind wahre Energiebündel. Die Stärke der ACHT, ihr leidenschaftlicher Eifer für die Sache der Gerechtigkeit (bei sich und anderen), für Liebe, Wahrheit und ihre Erregbarkeit verdeutlichen das gut, ebenso wie der unerbittliche Einsatz und das Engagement der EINS für eine Welt, in der Wahrheit, Gerechtigkeit und Moral herrschen sollte. Die NEUN erscheint unbewegt und nicht aus der Ruhe zu bringen, als wäre sie benommen oder stünde unter Drogen. Diese Ruhe ist jedoch teuer bezahlt; denn die NEUN muß sehr viel Energie aufwenden, um Konflikte ihres inneren Lebens wie auch ihrer äußeren Lebenssituation zu kanalisieren. Ihre eigene Energie wird so zu einem Problem für sie, und NEUNen können kraftlos erscheinen und unwillig, sich von einem einmal eingenommenen Standpunkt wegzubewegen. Wie wir im folgenden sehen werden, muß jede dieser Personen die Wirklichkeit so sein lassen können wie sie ist, muß sie loslassen können.

Ein weiterer Grund, der das stille Gebet für diese Menschen so hilfreich sein läßt, ist ihr Umgang mit Aggressionen und Zuneigung. Aggressionen werden als Teil dieser Welt betrachtet und hingenommen; Zuneigung hingegen wirkt bedrohlich und wird darum zurückgewiesen. Für ACHTen gehört Zuneigung in den Bereich von Schwachheit und Empfindlichkeit, die vermieden wird, weil man sonst die Kontrolle verliert. NEUNen, die nie echte Liebe und Zuneigung erfahren haben, fühlen sich durch sie bedroht und widerstehen ihr, indem sie sie herunterspielen und ihr keine große Bedeutung zumessen. EINSen lehnen Zuneigung darum ab, weil sie sich nie perfekt genug fühlen, um sie verdient zu haben.

Das Gefühl, mit dem leibbetonten Menschen wenigsten umgehen können, ist die Wut. ACHTen bringen ihre Wut schnell zum Ausdruck und leben dann einfach weiter. NEUNen halten ihre Wut unter Kontrolle und unterdrükken sie; wenn aber die starken Gefühle sich nicht länger kontrollieren lassen, kann ihr Zorn gewaltig und sogar launisch sein. Überraschenderweise können NEUNen die zornigsten von allen leibbetonten Menschen sein. EINSen erfüllt eine große Wut über die Unvollkommenheit der Welt. Aber als brave Mädchen und Jungen, die sie ja sein wollen, dürfen sie sie nicht zeigen, und so staut sich der Ärger in ihnen auf und kommt passiv-aggressiv als Antistruktur zum Vorschein.

Gebet

Für leibbetonte Menschen ist das stille Gebet ausgezeichnet geeignet. Es tut ihnen gut, einfach im Glauben vor Gott zu kommen, da zu sein und zu sitzen. Im Gebet verbleiben sie einfach, still und ruhig in der Gegenwart Gottes. In diesem Einüben treten sie in das Geheimnis von Tod und Auferstehung Jesu ein. Der Pfarrer von Ars fragte einmal einen alten Mann, der stundenlang am Tag in der Kirche zu sitzen pflegte, was er denn in dieser Zeit täte. „Ich tue nichts", gab er zur Antwort, „ich schaue einfach Ihn an, und Er schaut mich an". Auch der alte Ire, den Edward Farell fragte, was er denn tue, antwortete: „Ich sitze einfach hier, weil der Vater mich sehr gern hat."

Diese Aussagen treffen die Mitte des stillen Gebetes. Der alte Mann sagte nichts, tat nichts und dachte nichts. Er saß einfach nur da und ließ sich von Gott liebevoll anschauen. Teresa von Ávila empfahl dieses Gebet ihren Schwestern. [18] Liebende schauen gern einfach liebevoll das Gesicht des Geliebten an. Pläne, Vorstellungen, Rollen oder Masken finden in diesem Gebet keinen Platz. Es ist keine nachsinnende Meditation noch bringt es die inneren Kräfte und Gefühle vor Gott zur Sprache. Indem sie sich auf einzelne Worte, Gedanken oder Bildern beschränken oder auch diese noch weglassen, hilft diese Form des stillen Gebetes leiborientierten Menschen, ihre Innen- und Außenwelt miteinander in Einklang zu bringen. Von diesem Gebet spricht der heilige Johannes vom Kreuz in der „Dunklen Nacht der Sinne", wie auch der Verfasser der „Wolke des Nichtwissens":

> „Erhebe dein Herz zu Gott mit demütiger Regung der Liebe und suche Ihn selbst und nicht Seine Gaben und siehe zu, daß du nicht willens seist, an etwas anderes zu denken als an Ihn, so daß nichts in deinem Verstande und in deinem Willen wirke, als allein Er selbst. Tu alles, was an dir liegt, um alle Kreaturen zu vergessen, die Gott je geschaffen hat, und alle Werke, die Er getan hat, so daß dein Denken und Trachten

---

[18] Vgl. Teresa von Ávila, Der Weg der Vollkommenheit (Sämtliche Schriften Band 6), Kapitel 26, Nr. 1–3, S. 132–134.

auf keines von ihnen gerichtet sei, noch zu ihnen hin-
strebe, weder insgesamt noch im besonderen." [19]

Diese Art des Sich-Ausrichtens auf Gott erfordert eine
neue Weise, mit Gott zu kommunizieren. Im ausdrückli-
chen Gebet oder in der Meditation kommen Gedanken,
Gefühle, Pläne, Vorstellungen, Bilder und anderes zur
Sprache, und man erfährt etwas von Gott durch das Meditieren der Heiligen Schrift. Diese Hilfsmittel stehen
manchmal unserer Verbundenheit mit Gott eher im Wege,
als daß sie diese fördern. Das Schweigen aber, das Schweigen der Worte, der Gedanken und der Bilder, ein Schweigen, in dem die Herzen von gegenseitiger Liebe bewegt
werden, kann eine sehr intensive Art der Kommunikation
mit Gott sein.

Innere Ruhelosigkeit

Mit Gott aus dem Inneren heraus in Beziehung zu treten
ist nicht ganz einfach; denn als Menschen, die wir sind,
können wir unser Denken und unsere inneren Bilder nicht
einfach abschalten, wie man einen Motor ausstellt. Im Gegenteil, unser Geist hält den Strom der Bilder und Gedanken ständig am Fließen.

> „Doch sogleich nach jeder Regung bewirkt es die Ver-
> derbtheit des Fleisches, daß wir wieder zu irgendei-
> nem Gedanken oder einer begangenen oder unterlas-
> senen Tat zurückfallen. Doch was verschlägt's? Denn
> gleich danach erhebt sich die Regung wieder ebenso
> plötzlich wie zuvor." [20]

---

[19] Die Rolle des Nichtwissens. Ein anonymes englisches Werk des
14. Jahrhunderts, Einsiedeln 1958, 22.
[20] Ebd., 27.

Gedanken, Worte und Bilder ziehen uns an, nehmen uns in Beschlag und halten uns damit vom stillen Gebet und der Ausrichtung auf Gott fern. Sie halten uns fest, und unser Herz hängt ihnen an. Entweder schätzt es sie (Stärke für die ACHT, Zufriedenheit für die NEUN, Rechtschaffenheit für die EINS), oder es fürchtet sie (Schwachheit und Zartheit für die ACHT, Konflikte und innere Unruhe für die NEUN, Ärger für die EINS); auf jeden Fall stellen sie eine Wirklichkeit dar, die uns zutiefst angeht.

Den ständigen Fluß der Gedanken zur Ruhe zu bringen ist schwierig. Als nützlich hat sich dabei erwiesen, sich einem Gedanken zuzuwenden, der dann die anderen vertreibt, oder sich auf ein Bild zu konzentrieren, das alles andere, was unsere Aufmerksamkeit auf sich ziehen will, beiseite schiebt. Also gilt es, sich einem Gedanken, einem Ausdruck, einem Satz, einem einzigen Wort oder einem Bild zuzuwenden. Den Sinn ganz leer zu bekommen, ist eine Übung, die nicht fruchtet. Da er sich mit irgendetwas beschäftigen muß, geben wir ihm also *eine* Sache: ein Wort zum Beispiel oder einen Ausruf, den wir immer wiederholen, damit unser Geist nicht abschweift; eine Darstellung Jesu, die wir liebevoll betrachten und zu der wir zurückkehren können, wenn wir wieder abgelenkt worden sind. Dann wird auch eine Zeit kommen, in der wir uns von dem Bild oder dem Gedanken lösen können und uns Gott selbst zuwenden, der tief in unserem Innern wohnt.

„Wenn aber dein Begehren danach steht, dieses Streben liebevoll in ein Wort einzuschließen, damit du es besser fassen kannst, nimm ein kurzes Wort, mit einer einzigen Silbe; das ist besser als eines mit zwei Silben, denn je kürzer es ist, desto besser stimmt es mit dem Werke des Geistes überein. So ein Wort ist das Wort GOTT oder das Wort LOB. Wähle welches du willst, oder auch ein anderes, wenn es dich freut,

kurzum welches einsilbige Wort dir am besten ge-
fällt. Kette dieses Wort an dein Herz, so daß es nie
von dort weg kann, was immer auch geschehe. Dieses Wort soll ein Schild sein und dein Speer, magst
du im Kriege stehen oder im Frieden. Mit diesem
Wort sollst du in die Wolke und in die Dunkelheit
über dir stoßen. Mit Hilfe dieses Wortes sollst du alle
Arten von Gedanken so sehr unter die Wolke des
Vergessens hinabschleudern, daß du einem Gedanken, der sich herandrängt und dich fragt, was du
willst, mit keinem anderen Wort als diesem einen
antwortest. Und wenn er dir sein großes Wissen an-
bietet, um dir das Wort auseinanderzusetzen und dir
zu schildern, was es alles enthält, sagt ihm, daß du es
lieber als ein ganzes hast, nicht zerlegt oder gar zerstört. Hältst du an diesem Vorsatz fest, dann kannst
du sicher sein, daß er nicht lange bei dir verweilen
wird. Warum aber? Weil du nicht zulässest, daß er
dich mit solchen tröstlichen Meditationen nährt, wie
wir sie früher erwähnt haben."[21]

Gott will in diesem stillen Schauen in der Dunkelheit erfahren werden, nicht im Licht. Wer seine Gedanken zur
Ruhe bringt, wird sich beklagen, daß er gar nichts tut und
seine Zeit mit Beten verschwendet. Aber diese Zeit des Betens ist eine Zeit des Glaubens und der reinen Aufmerksamkeit für Gott. In dieser Zeit sterben auch unsere
Gedanken, Bilder und Gefühle, und wir richten unsere
Aufmerksamkeit ganz auf Gott. Anthony de Mello beschreibt dieses Gebet und einige der Auswirkungen auf
diejenigen, die daran festhalten:

---

[21] Ebd., 33.

„Wenn sie dieses Übel vermeiden, in der Einübung des Gebets aushalten und sich in blindem Glauben dieser Leere, der Dunkelheit, der Untätigkeit, dem Nichts aussetzen, werden sie allmählich entdecken – zunächst in kurzen Durchblicken, später auf eine dauerhaftere Weise –, daß im Dunkeln ein Licht glimmt, daß die Leere auf geheimnisvolle Weise ihr Herz erfüllt, die Untätigkeit erfüllt ist mit Gottes Taten und daß im Nichts ihr Wesen neu erschaffen und geformt wird ..., und zwar alles auf eine Weise, die sie weder sich selbst erklären noch anderen beschreiben können. Nach jeder Zeit des Gebets oder der Meditation wissen sie nur eines: etwas Geheimnisvolles ist geschehen, das sie erfrischt und gestärkt hat und ihnen ein besonderes Wohlempfinden bringt. Sie bemerken in sich einen verzehrenden Durst, zu dieser dunklen Meditation zurückzukehren, die sinnlos erscheint und sie trotzdem mit Leben erfüllt..." [22]

Loslassen

Wie das meditative und das ausdrucksvolle Gebet, so führt auch das stille Gebet durch einen Prozeß von Sterben und Auferstehen zur Einheit mit Gott. Es ist ein Eintreten in die Erfahrung des Leidens, Sterbens und Auferwecktwerdens Jesu. Aber nicht unser wahres Selbst, in dem wir Gottes Ebenbild sind, stirbt, sondern die Illusion, daß unser Ich allmächtig ist und sich seine eigenen Sicherheiten schaffen kann. Je mehr wir uns von dieser Illusion lösen, desto stärker wachsen wir im Vertrauen auf Gott. Die Einübung in diese Entäußerung ist der beste

---

[22] Anthony de Mello, Meditieren mit Leib und Seele, Kevelaer [6]1993, 41–42.

Weg, zur Einheit mit Gott zu gelangen; sie bereitet den Boden dafür, daß die Gaben Gottes in uns wirken können. Die ACHT muß davon freiwerden, ihre Macht dazu zu mißbrauchen, andere fertigzumachen, alles kontrollieren und beherrschen zu wollen und ihre Machtspielchen zu treiben. Ferner muß sie lernen, ihr leidenschaftliches Eintreten für Gerechtigkeit zu mäßigen, wenn sie dadurch überempfindlich für tatsächliche oder eingebildete Verletzungen ihrer eigenen oder der Rechte anderer wird; denn dabei kann sie aggressiv werden und andere bestrafen. Wut zu spüren und sie auszudrücken, wirkt auf die Acht wie eine anregende Dusche, die sie unbedingt braucht. Diese Wut und andere Anregungsmittel wie schnelle Autos, Sport und gefährliche Unternehmungen benützt sie, um Langeweile erträglich zu machen. Während die ACHT sich also von solchen Maßlosigkeiten lösen muß, soll die NEUN davon freiwerden, immer nach Ruhe und Ausgeglichenheit zu streben, und sollte lernen ihre „Frieden-um-jeden-Preis"-Haltung aufzugeben. NEUNen versuchen, Langeweile und Ziellosigkeit durch alle Arten von äußerer Stimulation zu überwinden. Sie können einen sehr geschäftigen Eindruck erwecken, indem sie von einer belanglosen Tätigkeit zur anderen hasten. Ihre endlose Suche nach dem Sinn ihres Lebens treibt sie in Seminare, zu Beratungsstellen, geistlichen Führern und Gurus, von denen sie sich endlich die Antwort erhoffen. Was sie brauchen, ist ein Freiraum, der es ihnen gestattet, ihre Trägheit, sich auf den Weg in ihr Inneres zu machen, zu überwinden. Ihr Bemühen, Konflikte zu unterdrücken oder in sich hineinzufressen, führt dazu, daß sie alles aufschieben, nicht in der Lage sind, Prioritäten zu setzen, und auch keine Verantwortung für ihre Entscheidungen übernehmen wollen. Die EINS wiederum muß sich von ihrem unerbittlichen, geradezu gehetzten Streben nach einer ‚unwirklichen oder unmöglichen Vollkommenmheit' freimachen. Ihr Idealismus führt sie in die Falle dauernder Enttäuschung über die Unvollkommenheit in sich selber und um sie herum, ständig beurteilt sie sich und andere, kritisiert diese und nimmt sie hart ins Gericht. EINSen lassen sich durch ein Vollkommenheitsstreben bestimmen, das sich in etwa so ausdrücken läßt: „Good, better, best / never let it rest / until your good is better / and your better best." Die EINS muß sich von ihrem inneren Zeigefinger mit seinen endlos wiederholten „du solltest" und „du müßtest" freimachen, der sie mehr als alle anderen Persönlichkeiten bestimmt. Ihre Neigung zur Perfektion kann soweit führen, daß eine EINS zwanghaft an Kleinigkeiten festhält und in vielen oder gar allen Bereichen ihres Lebens Ordnung haben will.

Alle Persönlichkeitstypen gehen ihren Neigungen nach, so als ob diese ihr tiefes Verlangen nach Heilwerdung und Glück erfüllen könnten. Das Loslassen hilft ihnen, diese Illusion zu durchbrechen und zu der Wahrheit zu gelangen, die Augustinus so ausgedrückt hat: „Unruhig ist unser Herz, bis es Ruhe findet in Dir". Eine Haltung, die zu diesem Gebet hinführt, ist, alles Geschehende anzunehmen und nicht so sehr nach Erfolg und Trost zu verlangen, sondern vielmehr wach und aufmerksam für Gottes Gegenwart im Dunkel zu sein. Ebenso ist es nötig, daß wir auf unserem Lebensweg nach und nach alle Wünsche und Neigungen ablegen, die uns daran hindern, Gott vollkommenes Vertrauen entgegenzubringen. Solange wir an jedweder Idealisierung unseres Selbst, anderer Dinge oder Menschen und an allem, was geringer ist als Gott selber, festhalten und meinen, darin unser höchstes Glück sowie den letzten Sinn unseres Lebens zu finden, sind wir nicht frei, uns mit unserem göttlichen Ursprung zu vereinen. Je freier wir aber von diesen Anhänglichkeiten werden, desto mehr werden wir zu Menschen, die einfach im Gebet für Gott bereit sind und auf ihn warten.

Ein weiterer Begriff, der zum stillen Gebet paßt, ist der Ausdruck ‚reine Empfänglichkeit'. Leiborientierte Menschen sollen einem Feld gleichen, das gepflügt wurde und nun bereit ist, den Samen in sich aufzunehmen. Diese Offenheit macht sie bereit, das freudig anzunehmen, was der Herr ihnen schenkt.

Loslassen im Gebet und Loslassen im alltäglichen Leben gehen Hand in Hand. Eine Begebenheit aus dem Leben des Zen-Meisters Bokusan veranschaulicht dies:

Während der Bürgerkriegsunruhen des neunzehnten Jahrhunderts versteckte sich ein geflüchteter Samurai im Tempel des Soto Zen-Meisters Bokusan. Drei Verfolger kamen und wollten wissen, wo der Samurai sei. „Hier ist niemand", antwortete der Zen-Meister. „Wenn du es uns nicht sagen willst, werden wir dir den Kopf abhauen", sprachen die drei und zogen ihre Schwerter. „Wenn ich also sterben muß", erwiderte der Zen-Meister, „werde ich zuvor noch etwas Wein trinken". Er nahm eine kleine Flasche vom Regal, füllte etwas Wein in einen Becher und nippte daran mit sichtlichem Genuß.

Die Samurai blickten einander an. Schließlich machten sie sich wieder auf den Weg. Bokusan wurde oft nach dieser Begebenheit gefragt, aber er wollte nicht darüber sprechen. Einmal jedoch sagte er: „Nun, eines können wir daraus lernen: Als diese Burschen kamen, wollte ich nicht, wie sie wollten; aber ich habe weder mit ihnen gestritten noch sie um mein Leben angefleht. Ich habe sie einfach nicht an mich herankommen lassen und mich nicht um sie gekümmert. Und nach einiger Zeit waren sie verschwunden.

Das gleiche gilt, wenn Menschen sich beklagen, daß sie von Ärger und schlimmen Gedanken belagert werden. Sie sollten wissen, daß es keinen Sinn macht zu streiten oder zu flehen, sondern einfach deren Anspruch an sie verneinen und sich ihnen entziehen; nach einiger Zeit werden sie feststellen, daß die Gedanken verschwunden sind."[23]

Christen wissen darum, daß die intime „Abba-Erfahrung" die Quelle war, von der Jesu Leben und seine Predigt gespeist wurden. Die kleine Geschichte des Zen-Meisters wirft so auch Licht auf eine Geste Jesu, die die Kommentatoren oft beschäftigt hat. Man hatte Jesus eine Falle stellen wollen, indem man ihn ersuchte, im Fall einer Ehebrecherin zu entscheiden (Joh 8,1–11). In zwei kritischen Momenten bückte er sich jeweils nieder und schrieb etwas in den Sand. Was er geschrieben hat, ist unbedeutend. Liegt in seiner Geste nicht etwas von dem Loslassen, von gewaltloser Liebe und Gelassenheit, die den selbstgerechten Zorn und die Gier der Ankläger entlarvt und überwindet?

Bereitung zum Gebet

Leiborientierte Menschen sind energiegeladen, darum müssen sie besonders darauf achten, zur Ruhe zu kommen, sich eine bestimmte Zeit für das Gebet zu nehmen und sich darauf zu freuen. Die Beziehung zwischen dem *Kleinen Prinzen* und dem Fuchs kann uns dabei eine Menge lehren. Auf einem fremden Planeten namens Erde traf der kleine Prinz einen Fuchs. Der Prinz erzählte dem Fuchs, wie traurig er sei und daß er gerne mit ihm spielen würde. „Ich kann nicht mit dir spielen", sagte der Fuchs. „Ich bin noch nicht gezähmt!" Der Kleine Prinz versteht nicht, was das heißt, und bittet den Fuchs, es ihm zu erklären:

---

[23] Zitiert nach: Naranjo, On the Psychology of Meditation, a.a.O., 80.

„Das ist eine in Vergessenheit geratene Sache", sagte
der Fuchs. „Es bedeutet: sich vertraut machen.
(...) Du bist für mich noch nichts als ein kleiner
Knabe, der hunderttausend kleinen Knaben völlig
gleicht. Ich brauche dich nicht, und du brauchst mich
ebensowenig. Ich bin für dich nur ein Fuchs, der
hunderttausend Füchsen gleicht. Aber wenn du mich
zähmst, werden wir einander brauchen. Du wirst für
mich einzig sein in der Welt. Ich werde für dich einzig sein in der Welt ..."[24]

Weiter sagt der Fuchs, daß er dann den Schritt des kleinen
Prinzen erkennen könne, der für ihn wie Musik klingen
werde, und daß das bis dahin bedeutungslose Weizenfeld
ihn an die goldblonden Haare des kleinen Prinzen erinnert
werde.

Darauf bittet der Fuchs den Prinzen direkt, wenn er
einen Freund haben möchte, dann möge er ihn doch
zähmen. Und er erklärt ihm den Prozeß des Vertrautwerdens:

„Du mußt sehr geduldig sein (...) Du setzt dich zuerst
ein wenig abseits von mir ins Gras. Ich werde dich so
verstohlen, so aus dem Augenwinkel anschauen, und
du wirst nichts sagen. Die Sprache ist die Quelle der
Mißverständnisse. Aber jeden Tag wirst du dich ein
bißchen näher setzen können ..."[25]

Der Prinz erhält noch weitere Anweisungen in die Rituale
des Vertrautwerdens; sie gleichen den Regeln des Gebetslebens. Neben der Betrachtung der eigenen Lebenssituation, die wie eine Quelle ist, aus der wir Erinnerungen an
Gott schöpfen können – so wie das Weizenfeld an den

---

[24] Antoine de Saint-Exupéry, Der kleine Prinz, Düsseldorf: Neuauflage
1982, 49.
[25] Ebd., 50f.

blonden Prinzen erinnert –, hilft es zu beten, wenn man feste Gebetszeiten hat. Der Fuchs sagt:

> „Wenn du zum Beispiel um vier Uhr nachmittags kommst, kann ich um drei Uhr anfangen, glücklich zu sein. Je mehr die Zeit vergeht, umso glücklicher werde ich mich fühlen. Um vier Uhr werde ich mich schon aufregen und beruhigen; ich werde erfahren, wie teuer das Glück ist. Wenn du aber irgendwann kommst, kann ich nie wissen, wann mein Herz da sein soll ... Es muß feste Bräuche geben." [26]

Beten erfordert eine Vorbereitung, ein Bereitmachen der eigenen Person. Wenn man sich eine Zeit vor dem Gebet nimmt, um sich vorzubereiten, hilft das, um innerlich zur Ruhe zu kommen. Wenn jemand früh am Morgen zu beten gewohnt ist, soll er am Abend zuvor daran denken. Die Gedanken an Gott sinken so tief in ihn hinein und durchdringen ihn, wie Alkohol einen Kuchen tränkt. Wir leben in einer Welt, die unsere Sinne mit Signalen aller Art bestürmt; darum müssen wir unsere Aufmerksamkeit auf unser Inneres richten.

Gebet und Schlaf

Der Zustand des Schlafens läßt durchaus eine mit dem des stillen Gebetes vergleichbare Betrachtung zu. Wenn wir beim Beten in einen anderen Bewußtseinszustand fallen, kommen unsere Gehirnströme zur Ruhe. Aus Betawellen, die anzeigen, daß wir bei vollem Bewußtsein und auf die Außenwelt ausgerichtet sind, werden Alphawellen; in diesem Alphabewußtsein sind wir entspannt aufmerksam und eher nach innen orientiert. Dämmern (Thetawellen)

---

[26] Ebd., 51.

und Schlafen (Deltawellen) liegen nahe bei diesem Zustand. Besonders für NEUNen ist es oft ein Kampf, wach und bereit zu bleiben und beim Beten nicht einzuschlafen.

Allgemein ist zu sagen, daß es für jemanden, der sich vor Gottes Angesicht stellen will, nicht schlimm ist einzuschlafen. Wenn wir bereit sind, alles aus Gottes Hand anzunehmen, dürfen wir ihm auch für den Schlaf danken. Unser Gott liebt uns voll und ganz, ob wir wachen oder schlafen. Wenn wir dann wieder erwachen, können wir ganz einfach wieder in die Aufmerksamkeit für die Gegenwart Gottes zurückgleiten. Wenn jemand allerdings regelmäßig beim Beten einschläft, sollten wir etwas näher hinschauen. Haben wir sonst genug Schlaf? Viele junge Priester und pastorale Mitarbeiterinnen und Mitarbeiter versuchen, mehr zu tun, als ihnen guttut. Tage und Wochen hindurch sind völlig in Anspruch genommen von Terminen und Aufgaben. Es kann auch sein, daß jemand sich körperlich an diese Art des Gebetes gewöhnt und sich darin zu wohl fühlt. In diesem Falle sollten wir unsere Haltung beobachten und eine aufrechtere Position auf einem geraden, weniger bequemen Stuhl suchen. Wenn uns das nicht weiterbringt, kann es auch sein, daß der Schlaf eine Art Widerstand ausdrückt: vielleicht gibt es einen Bereich in unserem Leben, den wir uns scheuen anzuschauen, Minderwertigkeitsgefühle, zwischenmenschliche Konflikte oder anderes. So kann der Schlaf uns auch von einer größeren Vertrautheit und Nähe zu Gott abschirmen. Wenn das letztere der Fall ist, sollten wir uns um unser Vertrauensverhältnis zu dem Gott, der uns liebt, bemühen.

Alles in allem ist das Gebet der leibbezogenen Menschen ganz anders als das der beiden anderen Gruppen. Es ist ein Zustand, in dem wir uns unserer Gefühle, unserer Gedanken und unserer Leiblichkeit bewußt sind, aber auch erkennen, daß keiner dieser Bereiche uns als ganzes ausmacht, sondern daß wir mehr sind. Das regelmäßige Beten läßt in uns die Aufmerksamkeit für die Gegenwart Gottes wachsen. Leiborientierte Menschen bevorzugen diese Gebetsform. Ab und zu werden sie auch meditieren oder ausdrucksvoll beten, um ihre Gefühle in irgendeiner bestimmten Angelegenheit zum Ausdruck zu bringen. Das stille Gebet ist also nicht ihre ausschließliche Gebetsweise, aber die beiden anderen Formen führen sie immer wieder dahin zurück. Es ist die normale Entwicklung eines Gebetslebens, in der sich das Gebet nach und nach vertieft. Die drei Weisen des Zur-Mitte-Kommens entsprechen den verschiedenen Weisen der drei Zentren, vor Gott gegenwärtig zu sein, und folgen den üblichen Wachstumsprozessen im Gebet.

Noch eine Weisheit hat der Fuchs für den kleinen Prinzen. Sie trifft das Gebet der leiborientierten Menschen genau auf den Punkt:

> „Die Zeit, die du für deine Rose verloren hast, macht deine Rose so wichtig."[27]

Die Zeit, die jemand mit seinem Gott verschwendet, ist so wichtig. Das stille Gebet kann tatsächlich aussehen wie Zeitverschwendung. Ob es so ist, zeigt sich – wie bei jedem Gebet – darin, ob unsere Liebe, unser Mitleiden und unsere Demut zunehmen, ob wir in unserem Leben die Früchte des Geistes glaubhaft leben (vgl. Gal 5, 22–23).

---

[27] Ebd., 53.

ZUSAMMENFASSUNG DER EINZELNEN GEBETSWEISEN

LEIBMITTE-ZENTRUM (8, 9, 1)

Stilles Gebet:
Zur-Ruhe-Kommen, Gedanken und Gefühle verblassen, Zustand der reinen Aufmerksamkeit, Leere, Loslassen, Empfänglichkeit.

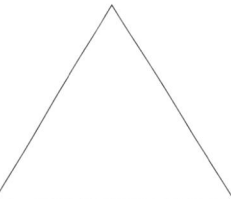

HERZ-ZENTRUM (2, 3, 4)

Ausdrucksvolles Gebet:
Freiheit, Durchlässigkeit, sich seinem wahren Wesen stellen, der durch Rollenverstellungen und Lebensfixierung gestaute Energiefluß wird freigesetzt, bewußt etwas begehren, nach innen orientiert.

KOPF-ZENTRUM (5, 6, 7)

Sammlung und Meditation:
Versunkensein, Vereinigung, Konzentration auf Anspruch von außen; Kontrolle der Gedanken und Gefühle, Konzentration auf ein Wort oder Bild.

TEIL II

ANREGUNGEN

Erstes Kapitel

Gebetsweisen auf dem Lebensweg

Mit den eigenen Vermeidungsstrategien fertigwerden

Jede der neun Persönlichkeiten hat bestimmte Bereiche die sie nicht wahrhaben will und deshalb meidet. Sie umfassen die Dinge, die dem eigenen Ideal am meisten widersprechen und das Bild, das jede/r von sich hat, am ehesten zu bedrohen scheinen. Denn alles, was unserem Selbstbild, der Maske, die wir nach außen zeigen, nicht entspricht, wird zur Bedrohung für die eigene Person. T. S. Eliot hat das so ausgedrückt: „Wir machen uns ein Gesicht zurecht, um den Gesichtern zu begegnen, denen wir begegnen." Jede Persönlichkeit erinnert an bestimmte bedrohliche Erfahrungen und Situationen. Sie werden als Bedrohung für das eigene Ich empfunden. Die Persönlichkeit ist sich sicher, daß sie ihrem Idealbild entspricht („Ich bin mächtig" – ACHT; „Ich bin zufrieden" – NEUN), und deshalb wird alles, was diesen Glauben demaskiert, als lebensbedrohlich empfunden.

Der Weg zur Ganzheit und Heilwerdung führt nicht an den eigenen Vermeidungsstrategien vorbei. Jeder Mensch ist dazu berufen und auf dem Weg, heil und ganz zu werden. Diese Ganzheit wird aber nur erreicht, wenn wir uns Schritt für Schritt mit dem anfreunden, was wir als lebensbedrohlich empfinden. Dieser Prozeß dauert ein Leben lang. Er benötigt so viel Zeit, weil wir nicht über Nacht mit etwas Bedrohlichem Freundschaft schließen können. Die innere Arbeit daran erfordert viel Geduld. In Irland gibt es ein Sprichwort, das etwa so lautet: „Wenn du vor dem Gespenst davonläufst, wird es dich jagen. Wenn du dich umdrehst und ihm ins Gesicht schaust, wird es weglaufen." Der Weg zur Ganzheit führt notwendigerweise in die Wüste, in das dunkle und unbekannte Gebiet, das wir immer meiden. Die Arbeit am je eigenen blinden Fleck aber befreit vom zwanghaften Festhalten an unserem Selbstbild. Indem wir dem Leben offener und weniger abwehrend gegenübertreten, eröffnet uns dieser Weg ein Mehr an Wirklichkeit. Wir werden fähig, unsere eigenen Begabungen zu entwickeln, und gelangen zu mehr Durchlässigkeit und Liebe.

Die menschliche Psyche benutzt verschiedene Verteidigungsmechanismen, um die Erfahrung des Bedrohlichen aus dem Bewußtsein auszuschließen. Carl Gustav Jung gebrauchte den Begriff des *Schattens,* um die dunklen und unbekannten Teile der Psyche zu benennen. Als Schatten bezeichnete er den inneren Bereich einer Person, der alle unerwünschten und verkümmerten Seiten der Persönlichkeit beinhaltet. Der Schatten verhält sich wie eine zweite Person in mir selbst; er führt ein Eigenleben. Ich bin mir dieser Seiten nicht bewußt – entweder weil sie mit meinem bewußten Ich nicht vereinbar sind oder weil sie überhaupt Möglichkeiten bergen, von denen ich nichts weiß. Für Jung bestand die Aufgabe der zweiten Lebenshälfte darin, mit dem je eigenen Schatten umgehen zu lernen. In der ersten Lebenshälfte sah er den Menschen primär damit beschäftigt, eine persönliche Identität zu entwickeln und seinen Platz im Leben zu finden. Bis zur Mitte unseres Lebens verwenden wir den Großteil unserer psychischen Kraft darauf, diese Ziele zu verfolgen und unsere Berufung zu finden. Wenn wir nun eine Identität gebildet und uns in unserem Leben zurechtgefunden haben, spüren wir ein neues Bedürfnis, Heilwerdung und Ganzheit-lichkeit zu verwirklichen.

Aus unserer Sicht würden wir die Chance, zur Ganzheit zu gelangen, nicht bis zur zweiten Lebenshälfte aufschie-ben. Jeder, der sich seinen Vermeidungsmechanismen mutig stellt und sich mit ihnen anfreundet, ist auf diesem Weg. Wenn man damit anfängt, ist das wie das Betreten eines Niemandslandes, das zwischen dem eigenen Ideal-bild und dem wahren Selbst liegt. Wer mit seinem blinden Fleck zu arbeiten beginnt, ist auf dem Weg der Befreiung aus seinen selbstverursachten Zwängen. Im Laufe dieses Kampfes entwickelt die Person ihre eigenen Fähigkeiten und Gaben. Sie kann so auch andere ermutigen und er-leuchten. Eine bewußte Auseinandersetzung mit den eige-nen Vermeidungsstrategien ist dafür allerdings die Vor-aussetzung. Nur wenn wir mit ihnen vertraut sind, wissen wir, wie sie aussehen, was sie wollen und brauchen.

An dieser Stelle wollen wir kurz die Vermeidungsstrate-gien der einzelnen Persönlichkeitstypen beschreiben; die Leserinnen und Leser sind eingeladen, mit derjenigen ver-traut zu werden, mit der sie sich herumschlagen.

ACHT: Rache-Ich
Selbstbild: „Ich bin stark", „Ich kann etwas bewegen"
Vermeidung: Schwachheit, Empfindsamkeit

Tief in ihrem Innern fühlt die ACHT Schwachheit und Empfindsamkeit, hat jedoch Angst vor diesen Empfindun-gen; denn sie einzugestehen oder gar offen zu zeigen, würde sie zu verletzlich machen. Darum versuchen ACH-Ten nach außen hin das Bild des harten und zähen Men-schen aufrechtzuerhalten. Wenn sie sich unter Menschen oder bei Dingen aufhalten, die keine Gefahr für sie dar-stellen, wie z.B. schwache Menschen, Kinder, Tiere oder die Natur, dann können sie ihre schwache und zarte Seite auch zeigen. Die guten Gaben der ACHT kommen dann zum Vorschein, wenn ihre Stärke eine zärtliche Seite hat und sie ihre Schwachheit als Teil ihrer in ihre Persönlichkeit akzeptiert haben.

NEUN: Trägheits-Ich
Selbstbild: „Ich bin zufrieden"
Vermeidung: Konflikte und Auseinandersetzungen

NEUNen versuchen, Konflikte aller Art von ihren inneren und äußeren Lebensumständen fernzuhalten. Weil nämlich diese ihre Versuche stören würden, die Ruhe zu bewahren, wenden NEUNen eine Menge Energie auf, um ihr Leben von Konflikten freizuhalten. Das führt dann zu einem Gefühlsleben, das so vor sich hindämmert, als sei es in einem Schaukelstuhl eingeschlafen. Die besonderen Begabungen der NEUN werden sichtbar, wenn sich ihre ruhige, beruhigende Art mit echtem Einsatz für das Leben, mit Taten verbindet; das wird erst möglich durch die Reise nach innen, bei der sie ihre innere Unruhe anschauen.

EINS: Ärger-Ich
Selbstbild: „Ich mache es richtig", „Ich bin brav/gut"
Vermeidung: Wut und Ärger

EINSen sind sehr wütend über ihre eigene Unvollkommenheit und die der Welt. Doch ihr ständig erhobener innerer Zeigefinger sagt ihnen, daß es nicht recht ist, wütend zu sein. So bleibt die Wut in ihnen verborgen und gärt, bis sie vielleicht als Ärger über die Dummheit und Unvollkommenheit, die rings um sie herrscht, zum Vorschein kommt. Die Gaben der EINS werden verstärkt, wenn sie ihre Wut anschaut und diese in Kraft verwandeln läßt – im Dienste an der Wahrheit, der Gerechtigkeit und einer moralischen Vollkommenheit, die mit heiterer Gelassenheit einhergeht.

ZWEI: Schmeichler-Ich
Selbstbild: „Ich bin hilfsbereit", „Ich kann geben"
Vermeidung: eigene Bedürfnisse

Die ZWEI findet ihre Identität darin, zu geben. Diese Menschen können nicht leben, ohne etwas zu geben. Ihre eigenen Bedürfnisse wahrzunehmen, fällt ihnen jedoch schwer. Sie finden es schwierig, ihre eigene Lebenswirklichkeit mit sorgenden Augen zu betrachten. Wenn sie ihre innere Unzulänglichkeit spüren, wollen sie noch mehr für andere tun und aus der inneren in die Außenwelt flüchten. Von anderen verlangen sie, daß diese ihre oft aufgedrängten Hilfen annehmen, sie dafür mögen oder ihnen Anerkennung spenden. Doch sind ZWEIen mit dem, was von anderen zurückkommt, nie zufrieden. Die Begabung der ZWEI, sich zu sorgen, wird weniger selbstbezogen, wenn sie ihre eigenen Bedürfnisse erkennt und an ihnen arbeitet. Dann kann sie wirklich sensibel für die tatsächlichen Bedürfnisse anderer werden.

DREI: Eitelkeits-Ich/Erfolg-Ich
Selbstbild: „Ich habe Erfolg", „Ich leiste etwas"
Vermeidung: Versagen

Die DREI findet ihre Selbstbestätigung im Erfolg. Beruf, Position, Karriere und Image heißen die Werte, durch die sie sich selbst definiert. Sie fürchtet sich davor, in ihrem Beruf, bei bestimmten Vorhaben oder in Beziehungen zu versagen, weil das zu zeigen scheint, daß sie den Anforderungen nicht gerecht wird, und unfähig ist. Versagen wird stets als persönliches Versagen gesehen. Die wirkliche Begabung der DREI, nämlich Aufgaben zu erfüllen und Ziele zu erreichen, Gruppen sowie Einzelpersonen zu fördern und zu leiten, entfaltet sich, sobald sie in sich geht, ihr Versagen annimmt und damit lebt. Weil sie bei sich selber zuhause ist, kann sie sich auch in andere einfühlen.

VIER: Melancholie-Ich
Selbstbild: „Ich bin etwas Besonderes", „Ich bin sensibel, elegant"
Vermeidung: Schlichte Freude oder Trauer

Wie viele der herzbetonten Persönlichkeiten, neigt die VIER dazu, sich ständig wie auf einer Bühne zu fühlen: sie steht nicht nur im Schweinwerferlicht der anderen, sondern auch im Lichte ihrer eigenen Selbstbewertung. VIERen geben ihre Vorstellung dabei gar nicht so sehr für andere, sondern in erster Linie für sich selbst, indem sie sich bestätigen, daß sie etwas Besonderes sind, einen exklusiven Lebensstandard haben oder mehr elegant sind. Dieser Zwang zum Außergewöhnlichen läßt sie einfache Freude oder Traurigkeit vermeiden. Sie fürchten den gewöhnlichen Alltag – der den Großteil des Lebens ausmacht –, weil er offenbaren könnte, wie unvollständig, unfertig, häßlich, langweilig und fade das Leben sein kann. Wenn sie die Alltäglichkeit mit ihren kleinen Freuden und Leiden zulassen, wird die Begabung der VIERen sich dahingehend entwickeln, daß sie ihre Mitwelt schätzen lernen und das Gute und Schöne in den Menschen und ihrer Umwelt fördern.

FÜNF: Geiz-Ich
Selbstbild: „Ich bin weise", „Ich bin scharfsinnig"
Vermeidung: Leere

Wie auch die anderen kopfzentrierten Persönlichkeiten, wollen die FÜNFen mit der Wirklichkeit, mit Personen und Ereignissen verbunden sein. Sie sind sehr wißbegierig, wollen die Wirklichkeit wahrnehmen und klären, woran sie mit ihr und den anderen Menschen sind. Sie beobachten, schauen und füllen sich mit Wissen; sie lassen sich aber nicht auf das Leben ein oder geben etwas von ihren Wahrnehmungen und Beobachtungen preis. FÜNFen wollen sich innerlich anfüllen, um das bedrängende Gefühl innerer Leere zu vermeiden. Sie halten sich selbst für klein, unbedeutend und ideenlos. Wenn sie sich der inneren Leere stellen, können FÜNFen ihre aufgeschlossene, neugierige und kreative Art mit anderen teilen.

SECHS: Feigheits-Ich
Selbstbild: „Ich bin treu/loyal", „Ich gehorche"
Vermeidung: Fehlverhalten, Ungehorsam

Die SECHS versucht, in Gedanken, Wort und Tat treu und gehorsam zu sein. Ihre Entscheidungen und Handlungen sind von Angst und Zweifeln geprägt. Diese versucht sie dadurch zu beruhigen, daß sie an feste Regeln glaubt, einer Führerperson folgt oder mit Hilfe irgendeiner anderen äußeren Norm ihr Denken und ihre Lebensweise rechtfertigt. Um zur Ganzheit zu gelangen und ihre Gaben voll zu entfalten, muß die SECHS in die Dunkelheit der Abweichung von der Norm und in die Nacht des Ungehorsams eintreten. Dann wird sich ihre Fähigkeit entfalten, warmherzige Freundin und erfinderische Leiterin zu sein.

SIEBEN: Planer-Ich
Selbstbild: „Ich bin in Ordnung", „Mir geht's gut"
Vermeidung: Schmerz

SIEBENen versuchen, stets sich eine zuversichtliche, freundliche und optimistische Sicht aller Dinge zu bewahren. Deshalb arbeiten sie daraufhin, schmerzhafte, spannungsbeladene, negative oder unangenehme Dinge zu vermeiden. Sie scheinen Schmerzen aller Art, seien sie körperlich oder seelisch, unerträglich zu finden. Um ihre Begabung zu entwickeln und ihre visionäre Kreativität, das Leben zu zelebrieren und Vermittler des allgegenwärtigen Guten zu sein, zu entfalten, müssen auch sie sich den Dunkelheiten und negativen Erfahrungen des Lebens stellen.

ÜBUNGEN

A. Zwiegespräch mit dem gemiedenen Bereich

Durch die Wahrnehmung der eigenen Vermeidungsstrategien sollen diese nicht abgestellt, sondern vielmehr integriert werden. Ganzheitlichkeit wird nie dadurch erreicht, daß ein Teil von uns abgeschnitten wird. Die dunklen Seite, der Bereich, der nicht angenommen wird, läßt sich nicht einfach so abschütteln. Mit diesem Bereich muß gearbeitet werden, oder es wird der Persönlichkeit an Tiefe und Vielfalt fehlen. Wenn wir den gemiedenen Bereich Stück für Stück integrieren können, werden wir zu erfüllteren Persönlichkeiten, menschlicher und lebendiger werden. Wenn wir dem gemiedenen Bereich gegenübertreten und ihn ansprechen, befreien wir uns von seiner negativen und zwanghaften Macht.

In einem Gespräch treten Personen einander gegenüber. Jede von ihnen ist damit einverstanden, mit der an deren zu reden und – was noch weitaus wichtiger ist – ihr zuzuhören. Es gibt auch die Möglichkeit eines inneren Dialogs[28] im Leben eines Menschen, bei dem die verschiedenen Aspekte dieses Lebens einbezogen werden. Für den Dialog ist es zunächst gut, sich zu entspannen und still zu werden, sodann sich der Vorstellung zu überlassen und auszuwählen, mit wem oder was man sprechen will. Alles was kommt, wird aufgeschrieben, ohne es zu korrigieren oder zu kontrollieren – wir schreiben ja nicht für andere. Man muß es geschehen lassen und darf nichts erzwingen. Um mit Ihrem Vermeidungsbereich in Dialog zu treten, stellen Sie sich vor, er sei anwesend, personifizieren Sie ihn vielleicht, Sie können ihm sogar einen Namen geben. Dann lassen Sie den Dialog zuerst in Ihrem Geist stattfinden und bringen ihn anschließend zu Papier. Beide Seiten dürfen miteinander reden. Wie bei einem Gespräch unter Menschen braucht es einige Zeit, bis die beiden miteinander zurechtkommen.

So könnte ein Dialog einer EINS aussehen, die ihrer Wut gegenübertritt:

JOHN: Ich scheue mich davor, das zu tun. Ich habe Angst davor, dich anzuschauen, WUT. Ich weiß gar nicht recht, was das soll oder was ich mir davon erwarten kann, und ich frage mich, ob ich das überhaupt richtig mache. Tatsächlich komme ich mir ein bißchen blöd dabei vor. Eines ist mir jedoch klar: Ich fühlte mich seit langer Zeit nicht wohl wegen dir, WUT.

WUT: Es ist gut, endlich mit dir zu reden, JOHN. Ich gehöre zu deinem Leben, aber ich habe mich immer wie eine schlechte Stiefschwester gefühlt – wie jemand, dem man aus dem Weg geht oder der versteckt wird. Du bist

---

[28] Vgl. Ira Progoff, At a Journal Workshop, New York 1975, 158 ff.

nie mit mir warmgeworden. Dabei will ich dir doch gar nichts tun.

JOHN: Das, was du zuletzt gesagt hast, hat etwas. Ich weiß, ich habe dich nie leiden können. Du hast mir nur Schwierigkeiten bereitet – mit meinen Eltern, in der Schule und auf dem Spielplatz. Ich wußte nie so recht, was ich mit dir anfangen sollte ...

Ein weiteres Beispiel wäre der Dialog zwischen einer SIE-BEN und dem Schmerz:

SCHMERZ: BARBARA, andauernd komme ich in dein Leben und immer wieder tust du, als existierte ich nicht.

BARBARA: Ich mag dich nicht. Du störst mich dabei, alles am Laufen, ergiebig und glücklich zu halten.

SCHMERZ: Ich bin ein wichtiger Teil deines Lebens. Ich zeige dir, wo in deinem Körper etwas nicht in Ordnung ist oder wo du Streß hast. Ich könnte dein Freund, dein bester Freund werden, wenn du nur nicht dauernd vor mir davonlaufen würdest.

BARBARA: Ich glaube oft nicht, was du mir sagst. Manchmal bemerke ich dich, aber dann bist du schon weg, und ich bin froh, daß ich mich nicht mit dir aufgehalten habe.

SCHMERZ: Was du sagst, stimmt; aber meistens ist es sehr wichtig, auf mich zu hören.

BARBARA: Ich will versuchen, etwas besser auf dich zu hören.

SCHMERZ: Ich komme auf verschiedenen Wegen. Ich bin dabei, wenn du einen Verlust erleidest, enttäuscht bist oder Kummer hast. In diesen Zeiten rühre ich dich ganz tief an, und ich lasse dich wissen, wie wichtig es für dich ist, dir Zeit zu nehmen für deine Sorgen.

BARBARA: Schon allein der Gedanke daran, daß ich mir leid tun soll, ist mir verhaßt. Ich meine, wenn ich „funktioniere", geht es besser.

SCHMERZ: Indem du vor mir davonläufst, riskierst du, sehr oberflächlich zu sein. Wenn du auf meine Warnungen hörst und bei mir aushältst, wirst du Tiefe spüren, und stärker würdigen können, womit andere leben. Ich kann dir ein mitleidendes Herz geben, das deine helle und frohe Persönlichkeit noch bereichert.

BARBARA: Ich will dir mehr vertrauen und bei dir bleiben statt wegzulaufen. Ich weiß, ich werde eine Weile brauchen, mit dir warm zu werden, weil ich meine, es sei so wichtig, daß du dich nicht zeigst. Ich werde es schlimm finden, wenn die anderen merken, daß wir Freunde werden ...

Lassen Sie den Dialog solange weiterlaufen, bis er ein natürliches Ende findet.

Es gibt drei weitergehende Impulse, die die Erfahrung des Dialogs vertiefen und Ihnen noch mehr Nutzen bringen können:

1) Wenn Sie den Dialog in der Ich-Du-Form aufgeschrieben haben, dann können Sie die Pronomina umdrehen, wenn Sie ihn noch einmal laut lesen. Das laute Lesen ermöglicht es ihnen, mehr von seiner Tiefe zu erfassen und seine Tonlage zu spüren. Manchmal bringt dieses erneute Lesen eine plötzlich durchbrechende Einsicht.

2) Wenn Sie den Dialog laut lesen, achten Sie darauf, ob Ihnen einige „Stimmen" bekannt vorkommen. Wenn Sie so hinhören, werden Sie vielleicht „Stimmen" aus Ihrer Vergangenheit oder Gegenwart identifizieren können (Eltern, andere Bezugspersonen, Lehrer/innen, Leute aus der Gesellschaft, aus der Kirche), die Sie verinnerlicht und zu ihrer eigenen gemacht haben. Dieses Gewahrwerden darüber, woher unsere Urteile und Gefühle stammen, gibt uns die Entscheidungsmöglichkeit, ihnen zu folgen oder

nicht, und die Freiheit, auf unsere eigene Wahrheit zu hören.

3) Schließlich kann dieser Dialog eine ganz eigene Kraft entfalten, wenn er in der Gegenwart Jesu geführt wird. Sie können sich in diese hineinversetzen und dann den Dialog führen; Sie können ihm den Dialog auch einfach vorlesen. Sie können ihm erlauben, sich einzumischen oder einfach dabeizusein, wenn Sie mit Ihrem Vermeidungsbereich reden. Im Johannesevangelium lesen wir von Jesus:

„In ihm war das Leben, und das Leben war das Licht der Menschen. Und das Licht leuchtet in der Finsternis, und die Finsternis hat es nicht erfaßt" (Joh 1, 4–5).

Wenn wir auf diese Weise Freundschaft mit unserem Vermeidungsbereich schließen, kann das eine wesentliche Hilfe auf dem Weg zur Ganzheitlichkeit sein. Wir werden schrittweise entdecken, daß das, was wir vermeiden, gar nicht so bedrohlich für uns ist, wie wir einmal gedacht haben. Wir werden sehen, daß wir uns um Laufe dieses Prozesses immer mehr annehmen können und anfangen, mehr Mitleid und Verständnis für andere zu entwickeln. Es wird eine Zeit geben, in der wir erfahren, daß wir uns auf diesem Gebiet nicht so hart verteidigen müssen. Und ganz langsam wird uns die Wahrheit dämmern, daß wir mit dem Anschauen dessen, was wir vermeiden, nicht nur ein Stück näher an unsere Ganzwerdung gelangen, sondern daß dieser von uns vermiedene Bereich ein bevorzugter Ort ist, an dem wir unserem Gott begegnen.

B. Ein Bild für die Vermeidung

Einige der Enneagramm-Persönlicheiten (speziell die kopfbetonten Menschen) fühlen sich bei sich selbst stärker zu Hause und haben einen einfacheren Zugang zu ihrer inneren Wahrnehmung als andere (z. B. die herzbetonten Menschen). Zudem leben wir in einer Gesellschaft, in der wir dauernd unterwegs sind und soviel Druck von außen bekommen, daß wir kaum noch gewohnt sind, still in unsere Tiefe hineinzuhorchen. Und doch ist es eine ganz natürliche Fähigkeit des Menschen. Sich den Vermeidungsbereich bildlich vorzustellen[29], kann erleuchtend, befreiend und sogar inspirierend wirken.

Eine Übung, die uns dabei helfen kann, wollen wir nun vorstellen:

Entspannen Sie sich und werden Sie still. Richten Sie Ihre Aufmerksamkeit nach innen. Atmen Sie langsam und ruhig. Lassen Sie die Gedanken kommen und gehen, ohne ihnen anzuhängen. Bleiben Sie einfach ruhig. Dann richten Sie Ihre Aufmerksamkeit auf das, dem Sie besonders ausweichen. Denken Sie nicht darüber nach, bewerten und beurteilen Sie es nicht. Sitzen Sie einfach still da und lassen Sie es sich zu einem Bild formen. Lassen Sie alle Bilder kommen – aus der Natur, Tiere oder künstliche Gegenstände. Versuchen Sie nicht, das Bild zu beeinflussen; es wird sich von alleine entwickeln. Versuchen Sie nicht zu bestimmen, was oder wie es kommen muß – ob Sie es sehen, hören, riechen, ein Bild spüren oder es in Ihrem Körper fühlen können. Lassen Sie jedes Bild kommen und sich nach seinem Wesen bilden. Sie möchten das vielleicht in der Gegenwart Jesu tun und zusammen mit ihm das Bild Ihres Vermeidungsbereiches anschauen.

Wenn es Ihnen richtig erscheint, möchten Sie vielleicht aufschreiben, was geschehen ist: jede Beobachtung, die Sie darüber in Erinnerung haben, wie genau dieses Bild auftauchte und wie es Sie angerührt hat.

---

[29] Ebd., 77 ff.

Zweites Kapitel

Das am wenigsten beherrschte Gefühl

Jedes der drei Enneagrammzentren kennt ein Gefühl, das am wenigsten beherrscht wird. Allen Menschen steht die ganze Bandbreite der Empfindungen offen, aber jeder hat eine Empfindung, mit der er sich sein Leben lang herumschlägt. Solange an dieser Empfindung oder Regung nicht gearbeitet wird, kann sie Zwang ausüben, die Person tyrannisieren und Zerstörungen aller Art anrichten. Die Psychologen würden uns sagen: „Geht ihnen nicht aus dem Weg! Da müßt ihr durch! Holt sie heraus ans Licht und geht sie offen und ehrlich an. Nur so werdet ihr mit ihnen fertig werden." Den Ratschlag hören wir wohl, allein die Erfahrung zeigt uns, daß das leichter gesagt als getan ist. Denn das ist Neuland für uns, ein unerforschtes dunkles Gebiet, das uns scheinbar leicht in die Irre gehen lassen könnte. Die frühen Mönche gingen wie Jesus in die Wüste, um mit Dämonen zu kämpfen. Sie vertrauen darauf, daß Gott sie siegen lassen würde, denn: „Ihr aber, meine Kinder, seid aus Gott und habt sie besiegt, denn Er, der in euch ist, ist größer als jener, der in der Welt ist." (1 Joh 4, 4). Diese Gewißheit ist es, die uns die Menschen auffordern läßt, mit ihrer Furcht, ihrer Ängstlichkeit, ihrer Wut ins Gebet zu gehen. In diesem Anhang wollen wir für jedes Zentrum die Empfindung beschreiben, mit der es am schwersten umgeht, und Gebetsübungen vorschlagen, die hoffentlich jedem helfen, sich der umwandelnden und heilenden Liebe Gottes zu öffnen.

Kopf-Zentrum (FÜNF-SECHS-SIEBEN)
Am wenigsten beherrschtes Gefühl: Furcht

Kopfbetonte Menschen schlagen sich am meisten mit der
Furcht herum. Sie kann sie geradezu lähmen und unter
sich begraben. Im Umgang mit anderen bemerken sie, daß
sie sich ganz oft auch dann fürchten, wenn andere das
nicht tun oder daß ihre Furcht viel stärker ist als die der anderen. Solche Menschen brauchen Zeit, um diese Regung
an sich wahrzunehmen und zuzulassen. Es ist etwas anderes, ein Gefühl wahrzunehmen und zu benennen, als von
ihm überwältigt zu werden. Als ich (John Burchill) ein
Kind war, hatte ich große Angst vor der Dunkelheit und
besonders vor dem Bösen, das des Nachts unter meinem
Bett lauerte. Durch meine Eltern ermutigt, schaute ich unter mein Bett und stellte fest, daß das gefürchtete Monster,
der böse Mensch gar nicht da waren. Wenn das, wovor wir
uns fürchten (auch die Furcht selbst) ans Tageslicht gebracht wird (vor eine Person, die uns versteht, und/oder
vor Gott), dann kann es betrachtet werden als das, was es
tatsächlich ist. Furcht, die nicht angeschaut wird, die im
Dunkeln bleibt und die nie gezeigt wird, wächst mit der
Zeit und kann uns überwältigen. Der Psalmist war sich
dessen wohl bewußt, daß keine Dunkelheit dem liebevol-
len Licht Gottes im Wege stehen kann:

> „Würde ich sagen: ‚Finsternis soll mich bedecken,
> statt Licht soll Nacht mich umgeben', auch die Fin-
> sternis wäre für dich nicht finster, die Nacht würde
> leuchten wie der Tag, die Finsternis wäre wie Licht"
> (Ps 139,11–12).

ÜBUNG

„Höre das Wort Gottes in der Gegenwart der Liebe Gottes." Nehmen Sie sich Zeit, zu Ihrer Mitte zu finden. Wenn Sie möchten, benutzen Sie dazu die *focused meditation,* von der wir im vierten Kapitel gesprochen haben. Seien Sie sich bewußt, daß Sie in Gottes Gegenwart weilen, und hören Sie das Wort:

> „Habt Vertrauen, ich bin es, fürchtet euch nicht!" (Mt 14,27)
> „Sei ohne Furcht; glaube nur!" (Mk 5,36)
> „Fürchte dich nicht, denn ich habe dich ausgelöst, ich habe dich beim Namen gerufen, du gehörst mir." (Jes 43,1)

Lassen Sie einen dieser Verse tief in sich hineinsinken. Wiederholen Sie ihn immer und immer wieder laut. Lassen Sie zu, daß Ihre Angst (vor Leere, vor Entscheidungen, vor Schmerzen, vor Krankheit, vor Einsamkeit) nach oben kommt. Verweilen Sie mit diesen Ängsten vor Gott, und lassen sie sich ‚so wie Sie sind' von Seinem Wort berühren. Vielleicht möchten Sie mit den folgenden oder anderen Worten beten:

> „Herr, da sitze ich mit meiner Angst. Ich weiß nicht, wie ich mit ihr umgehen soll. Ich lege mein Leben in deine liebenden Hände. Ich öffne mich deiner heilenden Berührung. Ich lasse jetzt zu, daß du mich liebhast."

Herz-Zentrum (ZWEI-DREI-VIER)
Am wenigsten beherrschtes Gefühl: Besorgtheit

Das Gefühl, mit denen die herzbetonten Menschen Schwierigkeiten haben, heißt Besorgtheit oder Ängstlichkeit.

Es ist hilfreich, wenn wir ängstliche Besorgtheit von Angst unterscheiden. Es sind zwei verschiedene Reaktionen auf eine wahrgenommene Bedrohung. Bei der Angst steht prinzipiell der Mensch, das Objekt oder die Situation im Vordergrund, die das eigene Wohlhergehen bedroht – also ein Angreifer, ein knurrender Hund, ein dunkles Haus, das man alleine betreten soll, usw. Die Angst reagiert auf eine besondere Wirklichkeit, die als gefährlich für das eigene Wohlergehen wahrgenommen wird, und ermöglicht es, sich auf diesen Menschen oder das Objekt einzustellen.

Besorgtheit reagiert dagegen auf eine Bedrohung, die nur vage wahrgenommen wird. Man fühlt sich diffus, unsicher und hilflos einer unbestimmten Gefahr gegenüber. Besorgtheit ist nicht an ein bestimmtes Objekt gebunden.

Herzbetonte Menschen fühlen sich von der Außenwelt und ihren Botschaften, Richtlinien und Erwartungen bestimmt und leben in ständiger Besorgtheit darum, den äußeren Anforderungen zu entsprechen. *Rollo May* hat darauf hingewiesen, daß diese Besorgtheit eine Reaktion auf Bedrohungen darstellt, die der eigenen Existenz oder den eigenen Grundwerten gelten [30]. ZWEIen, DREIen und VIERen finden ihre Sicherheit und ihr Selbstwertgefühl darin zu helfen (ZWEI), Erfolg zu haben (DREI) oder etwas Besonderes zu sein (VIER). Das sind die Themen, die sie beschäftigen, egal ob sie alleine oder mit anderen zusammen sind. Gemocht, angenommen und geschätzt zu wer-

---

[30] Vgl. Rollo May, Man's Search for Himself, New York 1967, 30–40.

den, als Erfolgsmensch oder als besonders sensibel zu gelten, das ist es, was für sie in der Alltäglichkeit des Lebens zählt.

ÜBUNG

Nehmen Sie sich Zeit, sich zu entspannen, zur Ruhe zu kommen. Kommen Sie in die Gegenwart Jesu. Erlauben Sie Ihrer Besorgtheit, in ihr Bewußtsein zu treten und bleiben Sie bei ihr, so schmerzhaft das auch sein mag. (Herzbetonte Menschen empfinden ihre Innenwelt als etwas Unbekanntes, das sie schreckt; darum wird ihnen diese Übung nicht leicht fallen.) Versuchen Sie, sie in Jesu Gegenwart schrittweise kennenzulernen und anzunehmen. Lassen Sie zu, daß Jesus in Ihre Besorgtheit hineingeht und mit Ihnen da ist. Schauen Sie mit ihm zusammen Ihre Ängstlichkeit an, und lassen Sie ihn dabei die Räume Ihres Herzens erforschen. Schauen Sie ihn an und sehen Sie, wie er Sie liebevoll anblickt. Lassen Sie ihn den Sturm beruhigen, der in Ihnen tobt, und spüren Sie, wie Ihre Besorgtheit nachläßt, Ihnen vom Herzen fällt wie ein schwerer Stein, der sich auflöst. Bleiben Sie noch eine Zeitlang in seiner Gegenwart, in Seiner Liebe.

Nach und nach können Sie sich mit dieser zerstörerischen und kräfteraubenden Ängstlichkeit anfreunden und sie in die Kraft mitfühlender Sorge um sich und andere umwandeln. Der Prozeß des Anfreundens verläuft schrittweise, in dem Maße, in dem Gottes Liebe Heilung bringt.

Leibmitte-Zentrum (ACHT-NEUN-EINS)
Am wenigsten beherrschtes Gefühl: Wut/Zorn

Für leibbetonte Menschen ist die Wut das Gefühl, mit dem sie am wenigsten fertigwerden. Die ACHT kann ihren Zorn sofort ausdrücken, tut das aber oft in einer übermäßigen Art. Die NEUN vermeidet Wut und alle starken Gefühle, indem sie sie auf kleiner Flamme hält, bis sie eines Tages vielleicht überkochen. Die EINS vermeidet es, ihre Wut wahrzunehmen und zuzugeben. Sie läßt ihr in der Form bissiger Seitenhiebe freien Lauf, verhält sich andererseits zu nett und projiziert das Böse außerhalb von sich selbst. In den letzten Jahren kam von seiten der Psychologie der Hinweis auf die Schreitherapie, die dabei hilft, Wut wahrzunehmen, an sie heranzukommen, sie anzunehmen und zu lernen, mit diesem starken Gefühl umzugehen.

Die Schreitherapie kann tatsächlich ganz hilfreich sein. Wenn die Wut jedoch – wie bei den leibbetonten Menschen – eine besondere Schwierigkeit darstellt, braucht man mehr als nur Psychologie. Denn der Zorn will Heilung, Wandlung, Erlösung. Leibbetonte Menschen müssen sich dem gnadenvollen, liebenden Handeln Gottes anvertrauen. Das fällt diesen Menschen, die sich darum bemühen, die Wirklichkeit in den Griff zu bekommen, indem sie Macht ausüben (ACHT), sie aussitzen (NEUN), oder sie zu korrigieren suchen (EINS), sehr schwer.

In der Erfahrung von Heilung und Wandlung werden diese Menschen an der Erfahrung des Apostels Paulus teilhaben; wir wissen zwar nicht genau, ob er mit seinem Zorn kämpfte, aber leibbetonte Menschen kennen das Problem, daß sie etwas anders tun, als sie eigentlich wollen:

> „Das Wollen ist bei mir vorhanden, aber ich vermag das Gute nicht zu verwirklichen. Denn ich tue nicht das Gute, das ich will, sondern das Böse, das ich nicht

will. Wenn ich aber das tue, was ich nicht will, dann bin nicht mehr ich es, der so handelt, sondern die in mir wohnende Sünde" (Röm 7,18–20).

Mit Sicherheit war Paulus hier an einen großen Kampf der Gefühle verstrickt, bei dem er die Wirklichkeit nicht einfach in der Hand hatte.

ÜBUNG

Nehmen Sie sich Zeit, sich zu entspannen und zur Ruhe zu kommen. Vielleicht möchten Sie die Konzentrationsmethode benutzen, die Ihre Gedanken zur Ruhe bringt. Sitzen Sie nun einfach still da im Dunkeln, in der Gegenwart Gottes. Versuchen Sie, mit ihrer Wut in Kontakt zu treten und sie aufsteigen zu lassen, so daß Sie sie körperlich spüren können. Bleiben Sie dabei in Ihrem Innern, wo Sie Gott in Ihrem wahren Selbst begegnen. Sie mögen sich vielleicht wie ein Boot vorkommen, das im Sturm hin- und hergeworfen wird; vielleicht tobt in Ihnen ein Sturm. Bleiben Sie einfach in der Gegenwart Gottes, der Sie liebt und der in Ihnen wohnt – mitten in dieser Wut. Geben Sie nicht auf. Schließlich werden Sie mit Gottes Hilfe nach und nach die Oberhand gewinnen.

Dieses Gebet kann dazu führen, daß Gott unsere Wut und unseren Zorn wandelt und sie für Sein Reich und Seine Gerechtigkeit dienstbar macht. Dann wird die Wut nicht mehr unkontrollierbar und übermächtig sein; vielmehr wird sie, wenn wir uns mit ihr anfreunden, zur Leidenschaft für Heiligkeit und Gerechtigkeit. Diese Umwandlung verläuft immer nur schrittweise, aber man wird die Zeichen des Wachstums erkennen können, so wie ein Schmerz weniger wird, wenn man sich miteinander versöhnt, wenn man einen Konflikt aushält oder Unvollkommenheit geduldig erträgt. Wer sich auf diesen Weg begibt, wird die Erfahrung machen können, die Paulus Gott preisen und ihm danken ließ: „Ich unglücklicher Mensch! Wer wird mich aus diesem dem Tod verfallenen Leib erretten? Dank sei Gott durch Jesus Christus, unseren Herrn!" (Röm 7, 24–25).

Ferner kann man sich mit dem am wenigsten beherrschten Gefühl auch in der Weise des Dialoges oder der bildlichen Vorstellung auseinandersetzen, wie wir es im ersten Kapitel dieses Teils soeben beschrieben.

Drittes Kapitel

„Kything prayer" und die Persönlichkeitssicht des Enneagramms

„Kything"[31] bezeichnet eine Form geistlicher Verbundenheit mit anderen Menschen, eine Beziehung „von Herz zu Herz". Es ist eine Art des Miteinander-Vertrautwerdens und Sichvertrautmachens, die das eigene wahre Selbst, das Herz oder die Seele, einem anderen Menschen gegenwärtig macht. Die eigene Mitte, mein Innerstes, wird jemand anderem ohne irgendeine Verstellung oder Maske geistlich gegenwärtig.

Die Schrift spricht oft und tief von dieser Weise geistlichen Verbundenseins. Jesus betete:

> „Alle sollen eins sein: Wie du, Vater, in mir bist und ich in dir bin, sollen auch sie in uns sein, damit die Welt glaubt, daß du mich gesandt hast." (Joh 17,21)

Es ist die unergründbare Einheit der Dreifaltigkeit. Aber Jesus spricht auch von der Einheit in der Gnade, die den Gläubigen mit Gott verbindet:

> „Wenn jemand mich liebt, wird er an meinem Wort festhalten; mein Vater wird ihn lieben, und wir werden zu ihm kommen und bei ihm wohnen." (Joh 14,23)

---

[31] Vgl. Louis M. Savary / Patricia H. Berne, Prayerways, San Francisco 1980, 147–155.

Das liebende und vertrauende Antworten auf das Wort bedeutet, daß der Vater und der Sohn bei dem Menschen wohnen werden – ein Beieinander-Zuhausesein in Gnade; in so offener Vertrautheit sollen auch die Christen und Gläubigen gegenseitig im Herzen des anderen Wohnung finden. Diese Erfahrung meint Paulus, wenn er sagt: „nicht mehr ich lebe, sondern Christus lebt in mir" (Gal 2, 20). Christus lebt in Paulus, und Paulus lebt in Christus. Auch alle, die glauben, sind in Christus, und Paulus betet: „Durch den Glauben wohne Christus in eurem Herzen" (Eph 3, 17). Diese Verbundenheit auf einer ganz tiefen Ebene kann es auch in der Beziehung zwischen Menschen geben; darum ist „kything" eine gute Übung, wenn sich Menschen unter Zwang oder in einer besonderen Streßsituation befinden, die sie zu überwältigen scheint. '

Kything bringt eine Gemeinschaft auf geistlicher Ebene. Ich konzentriere meine geistliche Gegenwart auf eine andere Person oder umgekehrt. Wenn wir mit einem anderen Menschen auf unserer geistlichen Ebene mit ihrer ganzen Kraft und all ihren Gaben verbunden sind, dann haben wir auch teil an der Kraft und den Gaben seiner geistlichen Ebene.

Das Enneagramm lehrt uns in der Theorie von den Pfeilen, daß wir uns auf dem Weg zu Gesundheit, Ganzheit und Erlösung *gegen die Pfeilrichtung* bewegen müssen. So gelangt zum Beispiel die EINS dann zur Ganzheit, wenn sie sich in Richtung auf die SIEBEN bewegt, deren Selbstbild lautet: „Ich bin in Ordnung". Die SIEBEN ist optimistisch, zuversichtlich und hoffnungsvoll. Im Herbst vorletzten Jahres mußte ich (John) den Enneagrammkurs zum ersten Mal alleine halten. Vor diesem Wochenende war ich völlig damit beschäftigt, mühevoll alles zu bedenken, was ich vergessen hatte und was ich noch wissen sollte, aber nicht wußte. Es gab mir große Kraft, in der Verbundenheit mit Barbara, die eine SIEBEN ist, zu beten.

Ihre Gaben und ihre Kraft halfen mir, das Wochenende etwas gelassener anzugehen. Die Bewegung gegen die Pfeilrichtung verläuft entgegen der eigenen Neigung und hin zur Gesundung, die für die eigene Person in dem Selbstbild der anderen liegt (die ACHT muß sich in Richtung zur ZWEI bewegen, die NEUN zur DREI, die EINS zur SIEBEN, die ZWEI zur VIER, die DREI zur SECHS, die VIER zur EINS; die FÜNF zur ACHT, die SECHS zur NEUN, und die SIEBEN zur FÜNF)[32]. In unseren Workshops haben wir bemerkt, daß Menschen, die das Gebet nach der kything-Methode praktizierten, immer zur rechten Zeit das erhielten, was sie brauchten.

Bei diesem Gebet (dem „kything prayer") wählen Sie sich einen Menschen, der Ihnen nahesteht, dem Sie vertrauen und dem Sie sich ganz anvertrauen können. Sie können durchaus jemanden wählen, der an Ihrem Trostpunkt (dort, wo Sie hinkommen, wenn Sie sich entgegen der Pfeilrichtung bewegen) steht und dessen Gaben Ihnen guttun. Der Mensch muß nicht körperlich anwesend sein (Barbara war in Kenia, als ich mit ihr betete), es muß auch keine lebende Person sein. Wir können auch mit den Heiligen und mit Jesus auf diese Weise beten.

Das Gebet hat vier Schritte:

1) Zunächst kommen Sie zur Mitte. Jeder soll – je nachdem, zu welchem Enneagrammzentrum er gehört – den Weg dafür wählen, der ihm am besten liegt. Wenn Sie Ihre Mitte gefunden haben, bitten Sie Gott, Er möge Sie und Ihren Gebetspartner mit Seinem göttlichen Geist erfüllen.

2) Wenn Sie soweit sind, lassen Sie ihre Mitte sich in dem Menschen, den Sie sich als Gebetspartner gewählt

---

[32] Für die einzelnen Selbstbilder vgl. hier Anregungen, Teil 1, für die Gaben der Persönlichkeiten Teil 5. Zur Theorie empfehlen wir Beesing/Nogosek/O'Leary, Das wahre Selbst entdecken. Eine Einführung in das Enneagramm, Würzburg 1992, 167–182.

haben, einfinden. Helfen Sie sich dabei mit ihrer Vorstellungskraft. Versetzen Sie sich in diesen Menschen, also in sein Herz, indem Sie neben ihm sitzen oder stehen oder sich von ihm in die Arme nehmen lassen. Tun Sie all das, was Ihnen guttut. Einige Leute in unseren Workshops empfanden es als unangenehm, in die Mitte des anderen einzutreten, konnten aber den anderen zu sich selbst einladen. Tun Sie das, was Ihnen leichtfällt. Kything ereignet sich in jeglicher Art der Einheit.

3) Bitten Sie darum, daß die Gaben oder die Kraft, die Sie brauchen, durch Ihren Partner und in Sie hinein fließen. Öffnen Sie sich, um die Gabe oder Kraft zu empfangen. Erwarten Sie diese in Ruhe.

4) Danken Sie Gott für diese Gaben und für die Kraft, die durch die liebende Gegenwart und Gemeinschaft mit dem anderen Menschen in Sie geströmt ist. Bitten Sie Gott, die Menschen, mit denen Sie im Gebet in Verbindung treten, zu segnen und auch ihnen Gaben und Kraft zu schenken. Das ist wichtig; denn Dankbarkeit ist die Erwiderung auf die Erkenntnis, daß „alles Geschenk ist", und daß das Gebet sich nach außen weiten muß, um unsere Sorge für andere zum Ausdruck zu bringen.

Die Pfeiltheorie des Enneagramms

Bei dem Gebet in Verbundenheit mit einer vertrauten Person kann es von großem Nutzen sein, wenn die Person sich an unserem Trostpunkt befindet. Den jeweiligen Trostpunkt finden wir nach der Pfeiltheorie des Enneagramms.

Gehen Sie zu Ihrer Persönlichkeitsnummer und folgen Sie von da aus dem Pfeil, der an Ihrer Nummer endet, in umgekehrter Richtung bis zu der Nummer, von der aus er seinen Ausgang nimmt. Wenn Sie sich zum Beispiel als eine VIER erkannt haben, dann wäre Ihr Streßpunkt (in

Pfeilrichtung) die ZWEI, während die EINS (entgegen der Pfeilrichtung) Ihr Trostpunkt ist. Der Trostpunkt der NEUN wäre die DREI usw.

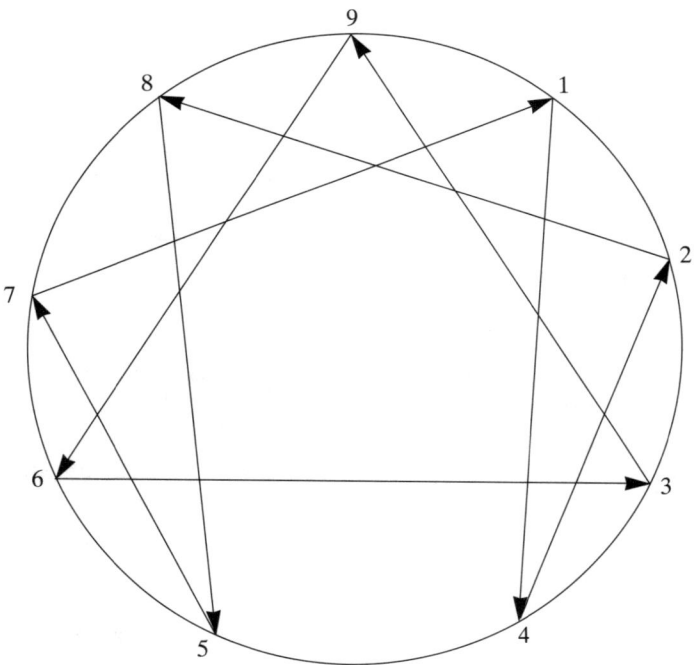

Viertes Kapitel

Mit den Flügeln beten

Unter den „Flügeln" einer Persönlichkeit versteht man die Persönlichkeitstypen, die sich auf dem Ennegramm-Kreis rechts und links neben der jeweiligen Persönlichkeit befinden. Die Flügel der EINS sind zum Beispiel die NEUN und die ZWEI, die SIEBEN hat die SECHS und die ACHT als Flügel.

Bei den Flügeln unterscheidet man oft einen „inneren" und einen „äußeren", wobei der äußere als der stärkere von beiden gedacht werden muß – er schien dem Menschen besser zu gefallen und wurde schon früh im Leben bewußt angenommen.

Der „innere" Flügel ist derjenige, der immer abgelehnt wurde. Darum wird er nicht so weit entwickelt und oft nur wenig integriert. Meistens ist er erst dann sichtbar, wenn die Person ihre Gefühle nicht unter Kontrolle hat.

Mit Hilfe der Flügeltheorie kann man erklären, warum Menschen des gleichen Persönlichkeitstyps ganz unterschiedlich voneinander sein können. Eine VIER kann zum Beispiel einen FÜNFer- oder einen DREIerflügel haben, was der Persönlichkeit gleich einen ganz anderen Ausdruck gibt.

Eine Persönlichkeit, die ihre beiden Flügel gut integriert hat, besitzt reiche Gaben, die sie zu einem erfüllten und angenehmen Menschen machen. Eine ACHT zum Beispiel, die ihre SIEBEN- und NEUN-Seiten gut entwickelt hat, besitzt mit Sicherheit eine Ausgeglichenheit, die von einer ACHT mit unterentwickeltem innerem Flügel nicht behauptet werden kann.

Die folgende Gebetsübung soll dem Betenden helfen, die Gaben des „inneren" Flügels besser in die eigene Persönlichkeit zu integrieren.

Überlegen Sie, welche Erfahrungen Sie in Ihrer frühen Kindheit mit Ihrem Persönlichkeitstyp und den Flügeln gemacht haben. Gab es auffällige Eigenschaften in Ihrem Verhalten, die Ihnen Spaß machten und typisch für einen Flügel sind? Ich (Barbara) kann mich gut erinnern, daß mir als SIEBENer Kind meine SECHSer-Eigenschaften ganz gut gefielen, während ich ACHTer-Charakterzüge negativ bewertete. Die SECHS ist mein „äußerer", die ACHT mein „innerer" Flügel.

Denken Sie an die Eigenschaften Ihres „inneren" Flügels. Wie geht es Ihnen damit? Sehr oft werden diese Eigenschaften abgelehnt. Es ist wichtig, daß Sie sich mit diesem Flügel anfreunden und versuchen, ihn in Ihre Zukunftspläne einzubeziehen, um ein Mehr an Ausgeglichenheit und Ganzheit zu erlangen.

ÜBUNG

Versuchen Sie, in der Weise, in der es Ihrem Zentrum entspricht, Ihre Mitte zu finden.

Seien Sie sich der Gegenwart Gottes bewußt und lassen Sie ein Bild oder Symbol für Ihren „inneren" Flügel in sich aufsteigen.

Einige Beispiele:

- Für die NEUN als „inneren" Flügel kann eine baumelnde Schaukel stehen;
- für die SECHS als „inneren" Flügel können es „ein Paar guter alter Schuhe" sein;

– für die ZWEI als „inneren" Flügel kann eine Kaffeetasse stehen.

Betrachten Sie das Bild, und laden Sie auch Gott ein, es zusammen mit Ihnen anzuschauen. Seien Sie bereit für die Gefühle, die es in Ihnen erweckt. Erforschen Sie diese Gefühle und drücken Sie sie vor Gott aus. Versuchen Sie, ihnen in der Gegenwart Gottes näherzutreten. Was bieten sie Ihnen als Einsicht über sich selber an?

Erforschen Sie die Einzelheiten des gewählten Bildes. Gehen Sie um es herum. Schauen Sie es an mit all seinen verschiedenen Seiten. Nehmen Sie es in die Hand, berühren Sie es. Woran erinnert es Sie? Versuchen Sie, es zu verstehen und zu schätzen. Erzählen Sie Gott, was Sie entdeckt haben. Schauen Sie, welche Eigenschaften, die Ihre Persönlichkeit braucht, das Bild besitzt. Wie würden Sie aussehen, wenn Sie dem Bild erlauben würden, Sie zu beschenken? Beten Sie darum, daß Sie diese Eigenschaften annehmen und lieben lernen, und daß Ihr Widerstand dagegen weniger werde. Bitten Sie Gott, daß Er Ihnen das schenke, was Sie brauchen, um von diesen Widerständen loszukommen.

Beenden Sie die Übung mit einem Dankgebet. „Ich danke dir, daß du mich so wunderbar gestaltet hat." Ps 139,14.

Fünftes Kapitel

Beten mit der Heiligen Schrift

In diesem Abschnitt findet sich für jede Enneagrammpersönlichkeit eine Anzahl von Schriftstellen. Diese sind jeweils in zwei Gruppen unterteilt.

Die erste Gruppe ist überschrieben „Sündhaftigkeit, mit der man beten kann", die zweite „Beschenktsein, über das man sich freuen kann und das man im Gebet verstärken soll". Wir schlagen vor, daß jeder Leser die Schriftstellen so gebraucht, wie es ihr/ihm gerade guttut. Wenn zum Beispiel eine NEUN Trägheit spürt, die zur Faulheit führt, dann ist es wichtig, daß sie bei solchen Schriftstellen verweilt, die diese Seite ihres Ringens berühren. Es ist wichtig, daß wir die Wahrheit, die Gott für uns bereit hält, tiefer und tiefer in unseren Sinn und unser Herz sinken lassen. Bleiben Sie bei der Schriftstelle und gehen Sie nicht zu schnell zu einer anderen über. Die gewählte Schriftstelle soll wie eine Welle sein, die behutsam über den aufgewühlten Sand Ihres Seins streicht, die langsam und behutsam die Schönheit und Ganzheit Ihres Inneren wiederherstellt.

Es gibt Zeiten, in denen wir uns bewußt unserer Begabungen erfreuen. In diesen Zeiten können wir die Schriftstellen, die sich auf die Begabungen beziehen, nehmen und mit ihnen in liebevoller Dankbarkeit zu Gott beten. Beim Beten mit diesen Schriftstellen ist es wichtig, sich daran zu erinnern, daß unsere Ganzheit nicht davon abhängt, so tugendhaft wie möglich zu sein, sondern davon, daß wir zu einer größeren Erfüllung in unseren besonderen Begabungen gelangen.

Bei den Schwächen und Begabungen einer Persönlichkeit wird es Widersprüche geben. Bedenken Sie, daß eine gesunde Entwicklung einen Menschen oft mit dem Gegenteil dessen begabt, mit dem er zu kämpfen hatte.

Die Zusammenstellung erhebt keinerlei Anspruch auf Vollständigkeit. Vielleicht gibt es andere Schriftstellen, die Ihnen wichtig sind und die Sie die Jahre über ganz von selbst angezogen haben; jetzt können Sie darin schon etwas von Gottes heilenden Gaben erkennen, die Er für Sie bereithält. Vielleicht entdecken Sie, wenn Sie die Heilige Schrift unter dem Blickwinkel des Enneagramms betrachten, auch noch weitere Stellen.

Schriftstellen für die Persönlichkeitsgestalt FÜNF

Sündhaftigkeit, mit der man beten kann

1. FÜNFen leiden an einer tiefen inneren Leere. Jes 55,1–3: Eine Einladung, zu Gott zu kommen und den Lebensdurst löschen zu lassen.
2. FÜNFen können unbeteiligt am Rand des menschlichen Lebens stehenbleiben. Lk 10,29–37: Das Gleichnis vom barmherzigen Samariter.
3. FÜNFen empfinden jede Art von aktiver Teilnahme als schwierig. Jes 52,7: Wie schön sind die Schritte derer, die gute Nachrichten bringen.
4. FÜNFen horten ihre Weisheit. Joh 21,15–17: Wenn du mich liebst, weide meine Lämmer, weide meine Schafe.
5. FÜNFen fällt es schwer, das konkret auszusprechen, was sie erkannt haben. Jer 1,4–10: Fürchte dich nicht. Ich lege meine Worte in deinen Mund.

6. FÜNFen können konkrete Einzelheiten übersehen. Joh 21, 1–14: Nimm das Maß an Aufmerksamkeit wahr, das auf den vielen Ebenen dieser Schriftstelle erkennbar ist.

7. FÜNFen beenden nie ihre Vorbereitungen und meinen nie, einen Schlußstrich ziehen zu können. Das hindert sie daran, aktiv am Leben teilzunehmen. 2 Thess 3, 6–17: Arbeiten, um niemandem zur Last zu fallen.

8. FÜNFen kennen keine zeitliche Struktur und können ständig zum Arbeiten bereit sein. Joh 9, 4–5: Jesus drängt darauf, zu bestimmter Zeit für seine Sache zu arbeiten.

9. FÜNFen können von einer Sache völlig in Anspruch genommen werden und darüber andere Aspekte des Lebens vergessen. Mt 9, 36–37: Jesus zeigt Mitleid mit der Not der Menschen, und er möchte, daß seine Jünger ihr abhelfen.

10. FÜNFen hinterfragen alles. Jes 55, 7–9: Gottes Wege sind nicht unsere Wege. Lebe mit dem Unerforschlichen.

11. FÜNFen sind kritisch. Joh 8, 15–20: Die Gefahr des Verurteilens nach menschlichen Maßstäben ...

12. FÜNFen sind zu nüchtern und können die Gefühle der Menschen vergessen. Röm 14, 17–21: Gottes Werk kann zerstört werden, wenn man zu objektiv ist.

13. FÜNFen mangelt es an Taktgefühl. Gal 6, 1–5: Weise andere im Geist der Sanftmut und Freundlichkeit zurecht.

14. FÜNFen treten nicht in emotionale Beziehungen. Joh 11, 32–38: Jesus ist tief erschüttert vom Tod des Lazarus.

15. FÜNFen sind oft zurückhaltend, distanziert und stehen am Rand. 1 Petr 3, 8–12: Lebensregeln für jeden, der glücklich sein will.

16. FÜNFen beobachten zuviel. Lk 19,1–10: Jesus lädt Zachäus ein, mehr zu tun als ihn bloß anzuschauen.

17. FÜNFen sind cool. Ps 112: Das Gebet eines Menschen, der mit beiden Beinen im Leben steht.

18. FÜNFen fehlt die Fähigkeit, anderen bei sich Behaglichkeit zu verschaffen. 1 Petr 4,7–11: Stell dich in den Dienst für andere.

19. FÜNFen sind geizig. 1 Tim 6,17–19: Sei großzügig und zum Teilen bereit.

20. FÜNFen neigen zu schnellen Klassifizierungen. Kol 2,6–8: Eine Warnung, nicht den Blick für das umfassende Geheimnis Christi zu verlieren.

21. FÜNFen können Geringschätzung zeigen. Joh 4: Schau auf Jesus, wie er sich der Samaritanerin gegenüber verhält.

22. FÜNFen sind nicht loyal genug. Mt 9,27–31: Die geheilten Blinden mißachten die ernste Warnung Jesu, ohne sich darum zu kümmern, was das für ihn bedeuten könnte.

23. FÜNFen entziehen sich Verpflichtungen. Mt 25,31–46: Wir werden nach dem Dienst am Nächsten beurteilt.

24. FÜNFen nehmen es übel, wenn man sie bedrängt. Gen 22,1–19: Betrachte, wie Abraham für seine Großzügigkeit gesegnet wird.

25. FÜNFen sind Einzelgänger. Gen 2,18–24: Es ist für eine Frau oder einen Mann nicht gut, alleine zu sein.

26. FÜNFen sind leicht befangen und fühlen sich im Zusammensein mit anderen unbehaglich. Kol 3,12–17: Wir sind dazu aufgerufen, uns zu öffnen, einander zu lieben und in Eintracht miteinander zu leben.

27. FÜNFen tun sich schwer, um das zu bitten, was sie brauchen. Mt 7,7–11: Bittet, und es wird euch gegeben. Beginne wenigstens damit, Gott zu bitten.

28. FÜNFen hamstern und sind geizig. Lk 21,1–4: Das

Opfer der Witwe; sie gab alles, was sie zum Leben hatte.

29. FÜNFen hängen an der Vergangenheit. Ez 36, 25–29: Gottes Vergebung und die Erschaffung eines neuen Herzens.

30. FÜNFen sind sehr auf ihren Schutz bedacht. Joh 12, 24–26: Wenn das Weizenkorn nicht in die Erde fällt und stirbt ...

31. FÜNFen bleiben solange untätig, bis sie genau wissen, was zu tun ist. Koh 11, 1–6: Wirf dein Brot auf die Wasserfläche.

32. FÜNFen nehmen gerne. Apg 20, 35: Geben ist seliger als Nehmen.

Beschenktsein, über das man sich freuen kann und das man im Gebet verstärken soll

1. FÜNFen sind aufgeschlossen. Kol 2, 1–5: Paulus will das Geheimnis Christi an andere weitergeben.

2. FÜNFen sind empfänglich für alles Neue. Eph 4, 21–24: Die Umwandlung des Geistes.

3. FÜNFen sind wißbegierig. Joh 3, 1–21: Das Gespräch Jesu mit Nikodemus.

4. FÜNFen sind objektiv. Apg 15, 7–12: Petrus hat Gottes Weise, das Leben zu sehen, kennengelernt.

5. FÜNFen lernen sehr gerne. Ps 119, 33–34: Eine Bitte um Einsicht in Gottes Wege.

6. FÜNFen sind Denker. 1 Kor 1, 17–31: Wahres und falsches Wissen.

7. FÜNFen provozieren gerne. Jer 16, 1–13: Jeremias Lebensstil ist eine Provokation.

8. FÜNFen sind tiefgründig. Röm 11, 33–36: Die Tiefen der Weisheit und Erkenntnis Gottes.

9. FÜNFen können andere zu neuen Weisen des Den-

kens bewegen. Apg 22,1–21: Das Zeugnis des Paulus über seinen neuen Glauben und die Gnade seiner Bekehrung.

10. FÜNFen sind weise. Sir 51,13–22: Ein Lied von der Suche nach Weisheit.

11. FÜNFen haben innere Kraft und Stärke. Eph 3,14–21: Die Bitte darum, die Liebe Gottes tiefer zu erfassen.

12. FÜNFen sind geduldig. Jak 5,7–11: Sei geduldig wie der Bauer.

13. FÜNFen fühlen sich wohl, wenn es vorangeht. Mk 4,26–29: Die Saat, die von alleine wächst.

14. FÜNFen sind mitfühlend. Phil 2,1–5: Übe Herzlichkeit und Mitgefühl.

15. FÜNFen durchschauen Strukturen und Zusammenhänge und sehen die ganze Bandbreite der Wirklichkeit. Joh 9,1–41: Die Heilung des Blindgeborenen; Jesus sieht die Perspektive, die seine Zeitgenossen verfehlen.

16. FÜNFen sind freundlich. Jes 49,15–16: Die freundliche, mütterliche Liebe Gottes.

17. FÜNFen sehen klar. Eph 4,14–16: Laß dich nicht von jeder Lehrmeinung vereinnahmen.

18. FÜNFen sind gründlich. 2 Tim 4,1–5: Ernste Mahnung an Timotheus, in seinem Dienst am Wort gründlich zu sein.

19. FÜNFen sind Organisatoren. Spr 16,1–33: Gott leitet die Pläne des Menschen.

20. FÜNFen können sehr gut zuhören. Koh 5,1–6: Dränge nicht zu schnell dazu zu sprechen.

21. FÜNFen haben die Gabe der Unterscheidung, weil sie die Dinge hinterfragen und durchschauen können. 1 Joh 4,1–3: Prüfe die Geister.

Sündhaftigkeit, mit der man beten kann

1. SECHSen fühlen sich vom Strom des Lebens abgeschnitten. 1 Kor 12, 1–30: Die Verbindung der Glieder des Leibes untereinander.
2. SECHSen achten bei der Anknüpfung neuer Beziehungen zu sehr auf Autorität. Mt 20, 24–28: Unter den Heiden ist Autorität ein notwendiges Übel.
3. SECHSen sind furchtsame Menschen. Mt 10, 26–33: Fürchtet euch nicht!
4. SECHSen werden von Unsicherheit und Zweifeln gequält. Mehrdeutige Situationen können sie nicht aushalten. Joh 16, 13–15: Der Geist wird dich in die ganze Wahrheit führen.
5. SECHSen ziehen sich gern zurück, um ihren Standort zu bestimmen. Lk 24, 44–49: Bleibt in der Stadt, bis ihr mit der Kraft aus der Höhe erfüllt werdet.
6. SECHSen beneiden andere um die Fähigkeit, mit Gefühlen umzugehen und Entscheidungen zu treffen. Joh 11, 32–41: Bitte darum, wie Jesus fühlen und entscheiden zu können.
7. SECHSen sind gehemmt. Hebr 4, 14–16: Wende dich vertrauensvoll an Gott.
8. SECHSen sind übervorsichtig. Röm 8, 26–27: Der Geist kommt uns in unserer Schwachheit zu Hilfe.
9. SECHSen sind unentschlossen und in ihren Handlungen blockiert. 2 Thess 3, 1–5: Der Mut, den Christus gibt.
10. SECHSen müssen alles kontrollieren. Joh 16, 5–15: Die Kraft des Geistes wird das menschliche Urteilen in Frage stellen.
11. SECHSen sind mißtrauisch. 1 Petr 2, 1–3: Rechtschaffenheit in Beziehungen.

12. SECHSen sind wankelmütig. Lk 11,23: Wer nicht für mich ist, ist gegen mich.

13. SECHSen sind übermäßig schüchtern. Joh 15,26–27: Die Kraft des Geistes im menschlichen Leben.

14. SECHSen sind sehr ängstlich. Jes 41,10–11: Hab keine Angst, ich will dir Kraft geben.

15. SECHSen können dogmatisch sein. Mt 23,8–12: Einer nur ist euer Meister.

16. SECHSen neigen dazu, ihre Unabhängigkeit einzutauschen gegen Sicherheit und das Gefühl dazuzugehören. Apg 4,18–22: Der Mut von Petrus und Johannes vor dem Hohen Rat.

17. SECHSen sind abhängige Menschen. Kol 2,6–8: Sei in Christus verwurzelt, lasse dir von niemandem deine Freiheit rauben.

18. SECHSen nehmen es mit der Verbindlichkeit von Regeln zu genau. Phil 3,6–16: Paulus sucht nicht länger die Vollkommenheit, die vom Gesetz kommt. Sie führte ihn dazu, Christus zu verfolgen.

19. SECHSen sind legalistisch. Kol 2,16–23: In Christus wachsen, damit andere mir nicht mehr sagen, wie ich mich verhalten soll.

20. SECHSen haben einen pharisäischen Geist. Sie bürden anderen Lasten auf. Mt 23,13–22: Jesu Anklage gegen die Pharisäer und Schriftgelehrten.

21. SECHSen müssen sich selber rechtfertigen und suchen die Rechtfertigung durch andere. 1 Kor 2,1–5: Paulus kann nur auf die Kraft des Geistes zählen.

22. SECHSen sind sich sehr sicher, wer auf ihrer Seite steht und wer gegen sie ist. 1 Kor 3,5–9: Apollos und Paulus sind nur Menschen; auf Gott kommt es an.

23. SECHSen zögern und sind unsicher. 1 Kor 16,13–14: Steht fest im Glauben; seid mutig und stark.

24. SECHSen sind nervös und sprunghaft. 1 Petr 5,5–11: Seid ruhig und aufmerksam.

25. SECHSen sind blind gegenüber ihren eigenen Fehlern und projizieren diese auf andere. Joh 12,1–11: Judas verschließt die Augen vor seinem eigenen Betrug.
26. SECHSen sind verschlossen. 1 Joh 1,5–7: Gehe im Licht.
27. SECHSen fällt es schwer, um das zu bitten, was sie brauchen. Lk 11,9–13: Bittet, und es wird euch gegeben.
28. SECHSen sind zu ernst. Joh 17,21–23: Jesus betet für seine Jünger und drückt den Wunsch aus, seine Herrlichkeit mit ihnen zu teilen, sogar im Angesicht des Todes.
29. SECHSen können trotzig sein. Jona 1,1–16: Jona rebelliert gegen seinen Auftrag.
30. SECHSen können empfindlich sein. Jona 4,1–11: Gottes Antwort auf Jonas Groll.

Beschenktsein, über das man sich freuen kann und das man im Gebet verstärken soll

1. SECHSen sind kooperativ. Mt 22,15–22: Gebt dem Kaiser, was dem Kaiser gehört.
2. SECHSen achten in Beziehungen auf Gegenseitigkeit. Röm 12,3–13: Haltet euch nicht für zu wichtig.
3. SECHSen gehen warmherzige Freundschaften ein, in denen sie ihre Gefühle und Empfindungen ausleben können. Joh 20,11–18: Marias warmherzige, leidenschaftliche Liebe zu Jesus.
4. SECHSen sind originell und necken die, die sie mögen. Sie können anregend und spaßig sein. Lk 2,39–40: Geh nach Nazareth und betrachte die Beziehungen in der Familie.
5. SECHSen sind glaubensstark. Eph 6,10–20: Werdet stark durch die Kraft des Herrn.

6. SECHSen sind beständig. Lk 6,46–49: Bau dein Haus auf Fels.

7. SECHSen beschützen die, die sie lieben. Röm 15,1–6: Die Starken haben die Pflicht, bei den Schwachen zu bleiben.

8. SECHSen können innovative Führer sein und sehen neue Möglichkeiten. Lk 6,1–5: Jesus sieht, daß die Sabbatgesetze kritisch hinterfragt werden können.

9. SECHSen respektieren die Tradition. Mt 5,17–19: Jesus kommt nicht, um die Gesetze aufzuheben, sondern um sie zu erfüllen.

10. SECHSen sind vorausschauend und haben Mut. 2 Tim 1,6–14: Gott gibt nicht einen Geist der Verzagtheit.

11. SECHSen sind treu. Lk 24,13–35: Jesus fährt fort, sich um seine Jünger zu kümmern.

12. SECHSen sind gute Eltern. Mt 19,13–15: Jesu Liebe zu den Kindern.

13. SECHSen fördern das Wachstum in andern. Lk 19,11–27: Das Gleichnis von den Talenten.

14. SECHSen sind verantwortungsvolle Menschen. 2 Kor 4,1–6: Uns ist ein Werk anvertraut worden; wir dürfen nicht schwach werden.

15. SECHSen sind großzügige Gastgeberinnen und Gastgeber. Lk 22,14–18: Das Mahl ist das wichtigste Forum Jesu.

16. SECHSen belassen nicht viel in der Schwebe. Sie sind zielstrebig. 2 Tim 4,1–5: Behalte eine klare Zielrichtung.

17. SECHSen sind in Beziehungen ausgeglichen. 2 Tim 2,22–26: Aufruf zu Güte und Freundlichkeit.

18. SECHSen sind offen. Mt 11,28–30: Kommt zu mir.

19. SECHSen sind mitfühlend. Mt 18,12–14: Das verlorene Schaf. Die/der Einzelne ist wichtig und umsorgt.

20. SECHSen sind klug. 2 Tim 3,14–17: Behalte das, was man dich gelehrt hat. Gehe nicht nach der Mode.
21. SECHSen ehren ältere Menschen und lernen von ihnen. Hebr 12,1–4: Das kraftvolle Zeugnis unserer Vorgänger im Glauben.

Schriftstellen für die Persönlichkeitsgestalt SIEBEN

Sündhaftigkeit, mit der man beten kann

1. SIEBENen idealisieren zu sehr. Sir 2: Sei auf Schwierigkeiten vorbereitet.
2. SIEBENen neigen dazu, sich zurückzuziehen, wenn sie verletzt werden. Hebr 2,5–18: Jesus bleibt in der schmerzvollen menschlichen Realität und unterwirft sich dem Tod.
3. SIEBENen leben in der Zukunft, um dem gegenwärtigen Schmerz auszuweichen. 2 Kor 1,3–7: Sei bereit für den Gott des Trostes.
4. SIEBENen setzen sich nicht mit dem Schmerz der Vergangenheit auseinander. Sie gehen zu schnell darüber hinweg und wollen die Lektionen nicht lernen, die der Schmerz sie lehren kann. Hebr 5,7–10: Was Jesus im Leiden gelernt hat.
5. SIEBENen sind Tagträumer. Lk 13,6–9: Die Notwendigkeit, Frucht zu bringen.
6. SIEBENen gehen zu schnell zu neuen Dingen über. Mk 7,24–30: Die Beharrlichkeit der syrophönizischen Frau.
7. Die Pläne der SIEBENen können abstrakt und unrealistisch sein. Jer 29,11–14: Versuche, an Gottes Pläne für die Zukunft und für die Menschen heranzureichen.
8. SIEBENen tun sich schwer, klare Entscheidungen zu

treffen, um ihre Pläne auszuführen. Dtn 30,15–20: Der Aufruf, sich zu entscheiden.

9. SIEBENen halten oft nicht durch. Ihre Begeisterung kann sehr schnell ersterben. Lk 14,34–35: Das Salz verliert seinen Geschmack.

10. SIEBENen sind nicht praktisch veranlagt und müssen lernen, wie man konkrete Schritte macht, um seine Pläne zu verwirklichen. Mk 9,2–8: Die Verklärung. Petrus möchte bleiben und seinen Verpflichtungen im wirklichen Leben entfliehen.

11. SIEBENen können abstrakte Vorstellungen haben, die sich nicht in die Praxis umsetzen lassen oder keinen Realitätsbezug haben. Mt 7,21–27: Ein Aufruf, den Willen Gottes zu tun, nicht nur darüber nachzudenken.

12. SIEBENen können anderen in unsensibler Art und Weise ihre Pläne aufdrängen. 2 Kor 1,15 – 2,4: Paulus ändert seine Pläne, als er seine Situation erkennt.

13. SIEBENen können naiv sein. Ps 62: Setz dein Vertrauen in Gott und nicht in die Menschen.

14. SIEBENen vermeiden, was schmerzhaft, zerstörerisch oder negativ ist. Jer 18,1–18: Sieh, was der Töpfer aus dem machen kann, was ursprünglich nicht gut war.

15. SIEBENen können oberflächlich sein und neigen dazu, alles leicht zu nehmen. Weish 9,9–18: Bitte um Weisheit und Tiefe.

16. SIEBENen unterdrücken oder projizieren den Schmerz, statt von ihm zu lernen. Phil 2,6–11: Schau, wie Jesus Schmerz erleidet und in den Tod geht.

17. SIEBENen können Fröhlichkeit manchmal auch nur vortäuschen und lassen andere ihre wahren Gefühle nicht sehen. Hos 2,16–22: Der Ruf, in die Wüste zu gehen – sie ist der Ort, an dem SIEBENen zur Wahrheit über sich und über Gott finden.

18. SIEBENen können dauernd in Hochstimmung sein.

Mk 8,31–33: Petrus' Antwort auf die Leidensankündigung.

19. SIEBENen rationalisieren, um sich in einer harten Welt zu behaupten. Mk 14,32–42: Sieh, wie Jesus mit seinem Leiden kämpft, es aber auch bereitwillig erduldet.

20. SIEBENen können sich selber täuschen. Lk 22,31–34: Petrus will seine Schwachheit nicht wahrhaben.

21. SIEBENen kämpfen mit der Sünde der Völlerei und nehmen vom Guten zuviel, um das Leid ihres Lebens zu mindern. Mt 6,19–21: Häufe keine Schätze an!

22. SIEBENen sind geschwätzig und können klatschen. Jak 3,1–12: Kontrolle der Zunge.

23. SIEBENen sind fordernd und möchten sofort eine Antwort. Lk 16,1–8: Der kluge Verwalter ermäßigt Forderungen an andere.

24. SIEBENen hätten gerne jemanden, der sich um sie und ihre Bedürfnisse sorgt; sie selber finden es jedoch schwer, den Problemen anderer zuzuhören. Mt 7,12: Die Goldene Regel.

25. SIEBENen können zornig, wankelmütig und nachtragend sein, wenn sie in die Enge getrieben werden. Jak 4,1–3: Zorn, der von enttäuschten Plänen kommt.

26. SIEBENen tun etwas für andere, um deren Freundschaft zu gewinnen. Lk 17,7–10: Wir haben nur unsere Pflicht getan.

27. SIEBENen tun sich schwer damit, „nicht nett" zu sein. Mt 10,34–36: Jesus ist Ursache von Uneinigkeit.

28. SIEBENen fällt es schwer, in einer Diskussion zu bestehen, in der es hart hergeht. Sie wollen entweder davonlaufen oder alles leicht nehmen. Lk 15,51–53: Seid auf Schwierigkeiten gefaßt.

29. SIEBENen sind ungeduldig. Mt 13,24–30: Das Gleichnis vom Unkraut im Weizen. Handle nicht zu schnell.

30. SIEBENen können fahrig und überdreht sein. Ps 46,11: Sei still und wisse, daß ich Gott bin.
31. SIEBENen sorgen sich um das Niveau, auf dem sie sich bewegen. Mk 12,41–44: Das Opfer der Witwe. SIEBENen geben oftmals nur von dem Überfluß ihres Lebens ab und teilen nicht wirklich oder so, daß es ihnen weh tut.

Beschenktsein, über das man sich freuen kann und das man im Gebet verstärken soll

1. SIEBENen sind verständnisvoll. Lk 1,46–55: Wahrnehmen der Güte Gottes.
2. SIEBENen sind die freudigsten von den Enneagrammpersönlichkeiten. Phil 4,4: Paulus schätzt die christliche Freude sehr hoch.
3. SIEBENen sehen in allem ein Geschenk und freuen sich am Leben und an der Natur. Ps 104: Die Schönheit der Welt.
4. SIEBENen wissen um Äußeres und Sinnenhaftigkeit und haben einen Sinn für das Unmittelbare. Lk 5,12–16: Die Heilung des Aussätzigen schließt sinnliches Berühren mit ein.
5. SIEBENen können sich gut in andere einfühlen. Mk 2,1–12: Die Heilung des Gelähmten. Jesus spürt das tiefere, unausgesprochene Bedürfnis nach Vergebung bei diesem Mann.
6. SIEBENen spüren allmählich, daß es genug von allem gibt und nichts überflüssig ist. Ps 23: Mir wird nichts fehlen. Du bereitest mir ein Festmahl.
7. SIEBENen können zufrieden sein, ohne mehr zu verlangen. Ps 131: Mein Herz ist nicht hochmütig.
8. SIEBENen feiern das Leben. Kol 3,16–17: Lobe Gott mit dankbarem Herzen.

9. SIEBENen haben ein Gespür für die Verbindung zwischen Personen und Dingen. Ps 133: Wie gut ist es für alle, in Harmonie miteinander zu leben.

10. SIEBENen sehen in die Zukunft. Röm 8,18–27: Unsere Bestimmung ist die Herrlichkeit.

11. SIEBENen sind fähig, ihre Begeisterung zu zeigen und andere anzustecken. Jes 52,7–12: Die Freude, die frohe Botschaft zu bringen.

12. SIEBENen sind kindlich. Mt 11,25–27: Die Bedeutung der frohen Botschaft für die, die wie die Kinder sind.

13. SIEBENen sind optimistisch. Kol 1,3–14: Vertrauende Zuversicht auf Gott, der die Macht hat, uns zu erretten.

14. SIEBENen sehen Möglichkeiten. Sie haben innere Einsicht darin, wie alles laufen wird. Jes 42,10–17: Ein Siegeslied.

15. SIEBENen sind freundlich und gehen aus sich heraus. Lk 5,29–32: Stell dir Jesus auf diesem Fest vor.

16. SIEBENen machen andere gerne glücklich. Joh 12,1–11: Maria möchte etwas für Jesus tun – die einfühlsame Geste.

17. SIEBENen haben Humor. Lk 19,1–10: Zachäus im Baum. Schau jetzt auf das Bild und freue dich an ihm, wie Jesus es tat.

18. SIEBENen sind gute Unterhalter und Gastgeber/innen. Joh 1,35–39: Verweile bei Jesus und seinen Jüngern, wie sie den Tag miteinander verbringen.

19. SIEBENen verfügen über eine natürliche Einfachheit. Ps 101: Ein Lob auf die Reinheit des Herzens.

20. SIEBENen sind findig veranlagt. Spr 31,10–31: Die Tugenden der tüchtigen Frau.

21. SIEBENen sind heiter. Zef 3,14–17: Freu dich und tanze mit Gott.

22. SIEBENen sind ganz mit Hoffnung erfüllte Menschen. Ps 27: Gott ist mein Licht und mein Heil.

Sündhaftigkeit, mit der man beten kann

1. ZWEIen spüren eine innere Leere, die verhindern kann, daß sie auf sich selber achtgeben. Diese Leere kann die Reise nach innen blockieren, weil ZWEIen dazu neigen, nach außen zu gehen, um ihre Leere zu füllen. Ps 103: Konfrontiert uns mit Gottes liebender Annahme unserer Zerbrechlichkeit.

2. ZWEIen sehen sich selber voller Unzulänglichkeiten und wenden anderen umso mehr Aufmerksamkeit zu. Lk 1,5–25: Zacharias glaubt nicht an Gottes Güte ihm gegenüber.

3. ZWEIen geben oft nur aus einem Bedürfnis heraus, sich selber gut zu fühlen. Lk 17,7–10: Eine Aufforderung zu demütigem, einfachem Geben aus ehrlichen Motiven.

4. ZWEIen meinen, daß sie nur gemocht werden, wenn sie geben. Ihre Identität ist an ihr Geben gebunden. Röm 12,3–13: Alles Geben soll von Demut und Nächstenliebe geprägt sein.

5. ZWEIen fällt es schwer, etwas anzunehmen. Joh 13,1–16: Laß dir von Jesus die Füße waschen. Was spürst du dabei?

6. ZWEIen können in Beziehungen aggressiv sein. Joh 6,59–22: Jesus ist frei, andere kommen und gehen zu lassen.

7. ZWEIen können andere kontrollieren. 1 Thess 5,19–22: Löscht den Geist nicht aus; denkt nach, bevor ihr handelt.

8. ZWEIen fühlen sich leicht zu wenig geschätzt und mißverstanden. 2 Thess 3,13: Werde niemals müde, Gutes zu tun.

9. ZWEIen müssen sich mit einer Menge unkontrollier-

ter Wut herumschlagen. In ihrem Weltverständnis soll jede/r sich um andere kümmern und sie beschützen. 1 Thess 5,14–18: Sei geduldig mit den Schwächeren, die nicht sehen, was du siehst.

10. ZWEIen fühlen sich schuldig, wenn sie eigene Bedürfnisse haben. Mt 26,36–46: Jesus zeigt den Jüngern seine Bedürfnisse und Ängste und bittet sie um Unterstützung.

11. ZWEIen genügen sich selbst. 1 Sam 2,1–10: Das Gebet der Hannah; sie war sich bewußt, daß sie Gott braucht.

12. ZWEIen mangelt es an echter Herzlichkeit. Mk 5,35–43: Die echte Herzlichkeit, mit der Jesus dem Mädchen gegenübertritt.

13. ZWEIen finden differenzierte Vertraulichkeit schwierig. Alle sind ihre Freunde. Joh 14,23–31: Jesus teilt sich seinen engsten Freunden, den Jüngern, vertraulich mit.

14. ZWEIen sind Schmeichler. Spr 29,5: Der Schmeichler legt dem anderen ein Netz vor die Füße.

15. ZWEIen geben gerne Ratschläge. Kol 3,16–17: Ratschläge sollten nur dann gegeben werden, wenn Gottes Botschaft einen Platz im Herzen des Menschen gefunden hat.

16. ZWEIen halten ihre Versprechen nicht immer ein. 2 Kor 7,1–4: Denke darüber nach, was es heißt, einen Grund zur Hoffnung zu haben, zu wissen, daß gegebene Versprechen erfüllt werden.

17. ZWEIen können einen ‚Märtyrer-Komplex‘ haben. Röm 15,1–6: Alle sind dazu aufgerufen, sich mit Schwierigkeiten abzufinden.

18. ZWEIen nehmen es übel, wenn andere ihnen die Zeit stehlen. Mk 1,32–34: Sogar nach Sonnenuntergang kam die Menge zu Jesus, um geheilt zu werden.

19. ZWEIen machen sich häufig Sorgen. Mt 6,25–34: Vertraue auf die Vorsehung.

20. ZWEIen wächst ihr ganzes Geben manchmal über den Kopf. Lk 10,38–42: Martha wurde ihr vieles Bedienen zuviel.

21. ZWEIen können in Krisen hysterisch werden. Mk 4,35–41: Der Sturm auf dem See ermuntert uns dazu, in turbulenten Zeiten Vertrauen zu bewahren.

22. ZWEIen können oberflächlich sein und in ernsten Zeiten Späße machen. Lk 8,49–56: Die Menge lachte über Jesus; sie nahm seine Macht nicht wahr.

23. ZWEIen sind besitzergreifend und versuchen, Menschen, denen sie beistehen, vor anderen zu schützen. Joh 17,6–11: Jesus erkennt an, daß seine Jünger ihm nicht gehören.

24. ZWEIen verachten manchmal Menschen, die zu sehr nach innen gerichtet sind. Sie pflegen, das Praktische auf Kosten des Inneren überzubetonen. Joh 12,1–11: Bei der Salbung in Bethanien führt Judas' Vorliebe für das Praktische dazu, daß er die gegenwärtige Realität in ihrer Tiefe nicht wahrnimmt.

25. ZWEIen sind oft mit ihren eigenen Gefühlen nicht vertraut und wissen nicht, was in ihrem Inneren vorgeht. Ps 139: Laß dich von Gott anschauen, der dein Herz kennt.

26. ZWEIen können manipulieren. Mk 3,20–21: Verwandte versuchen, Jesus gewaltsam wegzuholen.

27. ZWEIen idealisieren Liebe und Sentimentalität. 1 Joh 3,18–20: Unsere Liebe soll sich nicht nur auf Worte beschränken.

28. ZWEIen meinen, anderen zu helfen, indem sie sie nur beschwichtigen. Jer 3,13–18: Zeige deine Weisheit nicht in Worten, sondern in Demut und gutem Beispiel.

29. ZWEIen sind oft unfähig, spontan wütend zu werden. Mk 8,31–33: Jesus stellt Petrus spontan und direkt zur Rede.

30. ZWEIen besitzen eine heuchlerische Demut und werten sich selber ab. Ez 34,11–16: Gottes Güte gegenüber jedermann.
31. ZWEIen tun sich außerordentlich schwer, mit Ablehnung umzugehen. Lk 4,16–30: Die Ablehnung Jesu in Nazareth.
32. ZWEIen sind ehrgeizig. Mk 10,35–40: Die Söhne des Zebedäus streben nach den besten Plätzen!
33. ZWEIen sind immer verfügbar. Sie können keine Grenzen setzen oder Nein sagen. Mk 1,35: Jesus setzt sich feste Gebetsstrukturen.

Beschenktsein, über das man sich freuen kann und das man im Gebet verstärken soll

1. ZWEIen haben einen guten Blick für die Bedürfnisse anderer in den Bereichen Gesundheit, Erziehung und Ernährung. Mk 5,25–34: Eine Heilung geschieht, weil Jesus menschliche Not in besonderer Weise wahrnimmt.
2. ZWEIen sind den Gefühlen anderer gegenüber rücksichtsvoll. Apg 9,26–30: Die Rolle des Barnabas, als Paulus, vor dem die Apostel sich fürchteten, diesen vorgestellt wird.
3- ZWEIen sprechen aus, wenn sie andere schätzen. Röm 1,8–15: Die Danksagung des Paulus.
4. ZWEIen sind frei und großzügig im Teilen. Mk 9,41: Einen Becher frischen Wassers zu reichen ...
5. ZWEIen haben eine angeborene Gabe, rücksichtsvoll zu reagieren. Mk 10,46–52: Die Heilung des Bartimäus.
6. ZWEIen fördern andere. Phil 4,10–20: Paulus' Dankbarkeit für die ihm gewährte Unterstützung.
7. ZWEIen halten treu zu den Leidenden und denken an Benachteiligte. Röm 8,31–39: Gottes Liebe ist treu.

8. ZWEIen sind einfühlsam. Kol 4, 5–6: Takt und Einfühlsamkeit werden hervorgehoben.

9. ZWEIen sind selbstlos. Mk 6, 30–34: Jesus ist bereit, eine Rast zu verschieben, um die Menschen zu lehren.

10. ZWEIen sind einfühlsam. Mk 1, 29–31: Die Heilung der Schwiegermutter des Petrus.

11. ZWEIen sind freundlich und wirken nicht bedrohlich. Mk 10, 13–16: Jesus und die Kinder.

12. ZWEIen sind verantwortungsbewußt. Mt 26, 17–19: Vorbereitungen müssen getroffen und auf Einzelheiten muß geachtet werden.

13. ZWEIen können mit dem Herzen hören. Lk 23, 39–43: Sogar in seinem Leiden hört Jesus aufmerksam der Bitte des Verbrechers zu.

14. ZWEIen wenden sich den Einzelnen zu. Lk 19, 1–10: Jesus bemerkt Zachäus in der Menge.

15. ZWEIen sind Menschen, die wirklich lieben können. Mt 20, 1–16: Spricht von der Fähigkeit, jemandem auch mehr zu geben, als er verdient.

16. ZWEIen können Anerkennung spenden. Lk 7, 1–10: Jesus schätzt den Glauben des Hauptmanns.

17. ZWEIen unterstützen andere. Mk 6, 45–52: Jesus geht auf dem Wasser, um seinen Jüngern zu helfen.

18. ZWEIen lieben die Welt. Joh 3, 16: So sehr hat Gott die Welt geliebt ...

19. ZWEIen können ihr Bedürfnis, der Mittelpunkt des Gebens zu sein, mehr und mehr verringern. Lk 14, 7–11: Nimm einen niedrigeren Platz ein.

20. ZWEIen haben ein besonderes Gespür für die Atmosphäre, die sie umgibt. Mt 20, 24–28: Jesus weiß um die Spannung unter seinen Jüngern und reagiert darauf, indem er sie belehrt.

21. ZWEIen haben echtes Mitleid. Lk 6, 36–38: Zeigt Mitleid und Güte!

Sündhaftigkeit, mit der man beten kann

1. DREIen legen zuviel Wert darauf, erfolgreich zu sein.
   Mk 6,1–6: Jesus wurde in Nazareth abgelehnt.
2. DREIen unternehmen große Anstrengungen, um mit
   anderen Menschen Gemeinschaft zu finden, fühlen
   sich dennoch aber häufig isoliert. Eph 4,1–6: Wir sind
   zu einer tiefen Einheit berufen.
3. DREIen meinen, unzulänglich oder unfähig zu sein,
   wenn sie keinen Erfolg haben. Jes 30,15–18: Der Ruf,
   der Großmut Gottes zu vertrauen.
4. DREIen neigen dazu, jeden Mißerfolg als persönliche
   Niederlage aufzufassen. Lk 19,41–44: Jesus weint
   über Jerusalems Unglauben.
5. DREIen investieren zuviel Energie und Zeit in die äußere Welt und vernachlässigen die innere. Eph
   3,14–21: Paulus betet darum, daß das verborgene
   Selbst heranwächst und stark wird.
6. DREIen messen Funktion und Beruf zuviel Gewicht
   bei und finden darin ihre Identität. Mk 9,33–37:
   Jesus antwortet auf die Frage der Jünger, wer unter
   ihnen der Größte sei, mit dem Spruch vom Größten, der der Diener aller ist, und mit dem Bild vom
   Kind.
7. DREIen haben ein zu wenig entwickeltes inneres Leben. Sie spüren hier einen Mangel an Zuversicht und
   Wissen. Ez 11,17–21: Gott schenkt ein Herz aus
   Fleisch, um es an die Stelle des Herzens aus Stein zu
   setzen.
8. DREIen haben Angst vor der unbekannten Welt in ihnen und vor den Dämonen darin. Mk 7,14–23: Jesus
   verkündet, daß nur das, was aus dem Menschen
   selbst kommt, diesen unrein macht.

9. DREIen sind ständig besorgt. Ps 62: Hoffe nur auf Gott.

10. DREIen neigen dazu, damit anzugeben, was sie vollbracht oder wen sie beeinflußt haben. Lk 17,7–10: Jesus redet von der Haltung des demütigen Sklaven.

11. DREIen legen zuviel Gewicht auf Würden, Mitgliedschaften und Titel. Joh 15,9–17: Jesus spricht von seiner und Gottes Liebe und von der Liebe untereinander.

12. DREIen sind nicht immer sorgfältig und rechtschaffen in der Rede, weil sie sich oder etwas anderes verkaufen müssen. Joh 3,17–21: Wir sollen aus der Wahrheit leben und sie in die Tat umsetzen.

13. DREIen können alles unter dem Aspekt der Nützlichkeit sehen. Sie erwerben Wissen allein in der Absicht, etwas damit anzufangen. Phil 4,6–9: Das Gute, Edle, Wahre und Reine sind Werte, auf die es ankommt.

14. DREIen nehmen ihre Vorhaben leicht wichtiger als Menschen. Röm 13,8–10: Die Liebe faßt die Regeln des Gesetzes zusammen.

15. DREIen können sich in Beziehungen so verhalten, als seien sie nicht ganz anwesend. Röm 12,9–10: Eure Liebe sei ohne Heuchelei!

16. DREIen können oberflächlich sein. Jer 31,33–34: Der neue Bund ist im Herzen geschlossen.

17. DREIen neigen dazu, kurz angebunden zu sein. Mk 10,13–16: Anders als die Jünger kann Jesus Zeit vergeuden und die Kinder segnen.

18. DREIen sind aggressiv. Mt 11,28–30: Jesus ist gütig und von Herzen demütig.

19. DREIen können sich über die Unfähigkeit und Inkompetenz anderer aufregen. Ex 34,6–7: Gottes Geduld, Langmut und Freundlichkeit mit dem halsstarrigen Israel.

20. DREIen neigen zu schnellen Entscheidungen, ohne

sich genügend mit den Konsequenzen zu befassen. Mk 6,17–29: Die Enthauptung Johannes' des Täufers. Herodes macht der Tochter der Herodias ein voreiliges Versprechen, das er später bereut.

21. DREIen können sich klammheimlich zurückziehen, wenn Organisationen oder ein Projekt zu scheitern drohen. Joh 6,67–71: Nach der Brotrede verlassen einige Jünger Jesus. Er fragt seine Apostel: „Wollt auch ihr weggehen?" und stellt damit die Frage nach ihrer Treue.

22. DREIen lernen nicht aus der Vergangenheit. Weil sie keine Fehler wahrhaben wollen, können sie auch nicht aus ihnen lernen. 1 Kor 10,1–13: Israel hat es versäumt, aus seinen Fehlern zu lernen. Gott wird immer die Kraft geben, in der Prüfung zu bestehen.

23. DREIen können ihre Gefühle benennen, aber nicht mit ihnen umgehen. Mk 4,35–41: Jesus beruhigt den Sturm. Diese Episode lädt DREIen ein, Jesus zu bitten, daß er bei ihnen sei in den Stürmen, die in ihnen toben.

24. DREIen fällt es schwer, sich verletzlich zu zeigen, weil sie ihr Image aufrechterhalten wollen. 1 Kor 1,26 – 2,5: Gott beruft die Schwachen in die Nachfolge. Paulus hatte keine Angst, seine eigene Schwäche zu zeigen.

25. DREIen neigen zu konkurrierendem Verhalten. Mt 23,8–12: Jesu Jünger sollen sich nicht ‚Rabbi' oder ‚Lehrer' nennen lassen, sondern ihre Ehre im Dienen suchen.

26. DREIen haben kein privates Selbst, sondern nur ein öffentliches Gesicht. Joh 14,23: Gott will in uns wohnen.

27. DREIen sind eitel. Mt 23,5–7: Jesus kritisiert das allein auf das Äußerliche bedachte Gehabe der Pharisäer und Schriftgelehrten.

28. DREIen haben unechte Gefühle. Joh 11,32–38: Jesus weint um Lazarus, seinen toten Freund. Das fordert DREIen heraus.

29. DREIen können Gefühle vortäuschen, die für eine bestimmte Gelegenheit passend zu sein scheinen, und sie können auch übertreiben. Röm 12,15: Wirkliches Einfühlen in andere ist, was nottut.

30. DREIen können manipulieren und für ihre Position oder Stellung intrigieren. Lk 22,24–27: Auf den Wunsch der Jünger antwortet Jesus beim Letzten Abendmahl mit einem Spruch vom Dienen.

31. DREIen können unfähigen Menschen gegenüber kalt sein. Mk 12,41–44: Jesus betrachtet die Witwe, die ihr Opfer gibt.

32. DREIen können sogar das Beten zur Leistung machen und es durchorganisieren. Röm 8,26–27: Der Geist ist die Quelle unseres Betens, und er ist mitten in unserer Schwäche zugegen.

33. DREIen möchten dauernd etwas beweisen und können nicht zugeben, daß sie etwas nicht wissen. Lk 6,39: Der Vergleich mit dem blinden Führer.

Beschenktsein, über das man sich freuen kann und das man im Gebet verstärken soll

1. DREIen sind vertrauensvoll. Ps 131: Lädt ein zu einem kindlichen Vertrauen in Gott.

2. DREIen sind selbstsicher und beliebte Persönlichkeiten. Sie wissen, wie man „in" ist. 1 Joh 4,5–10: Dies ist in Gottes Liebe gegründet.

3. DREIen bauen Gemeinschaft auf. Eph 4,7–16: Fordert auf, den Leib Christi aufzubauen.

4. DREIen bringen Aufgaben zum Abschluß. Mt 14,13–21: Jesus nährt die Menge mit Brot.

5. DREIen sind in der Lage, sich Ziele zu setzen und schnell Entscheidungen zu treffen. Mt 9,35 – 10,1: Jesus sieht die Not der Menschen und sendet die Zwölf aus.

6. DREIen können andere dabei helfen, sich Ziele zu setzen. Phil 1,3–11: Paulus lobt und dankt Gott aus ganzem Herzen; diese Stelle lädt uns zu einem tiefen Verbundensein mit anderen ein.

7. DREIen haben eine instinktive Begabung dafür, Anforderungen einzuschätzen und Entwicklungen zu erkennen. Lk 6,12–16: Jesus wählt die Zwölf nach langem Gebet aus. Das kann unseren Begabungen Tiefe verleihen.

8. DREIen können sich leicht verständlich machen. Jak 1,22–25: Fordert mit dem Bild vom Spiegel dazu auf, das Wort zu hören und danach zu handeln. Denn Worte allein reichen nicht aus.

9. DREIen, die bei sich sind und Zugang zu ihrer inneren Welt haben, können für andere einfühlsam da sein und für sie Sorge tragen. Lk 7,36–50: Jesus ist sehr einfühlsam, als er der Frau ihre Sünden vergibt.

10. DREIen haben großartige organisatorische Fähigkeiten und sind gute Verwalter/innen. Lk 12,35–48: Die Erzählung vom treuen Verwalter und die Sprüche über das Dienen ermutigen zu einem verantwortungsvollen Gebrauch der Begabungen.

11. DREIen sehen das Leben in Kategorien von Beziehung und Gemeinschaft. Die Gruppe und was aus ihr wird, ist ihnen wichtig. Joh 17: Jesus betet für die Gemeinschaft seiner Jünger.

12. DREIen besitzen Überzeugungskraft und können andere beeinflussen. Joh 1,35–39: Die Berufung der zwei Jünger lädt dazu ein, die Anziehungs- und Überzeugungskraft, die von Jesus ausgeht, zu betrachten.

13. DREIen können das Miteinander von Menschen för-

dern. Lk 14,12–14: Die Auswahl der Gäste für ein Festmahl. Wir sollen auch den scheinbar unwichtigen Menschen und ihren Begabungen Aufmerksamkeit schenken.

14. DREIen sind tatkräftig. 1 Kor 3,5–9: Erinnert daran, daß Gott es ist, der durch sie wirkt.

15. DREIen können eine positive Kraft beim Aufbau dessen sein, mit dem sie verbunden sind und für das sie sich einsetzen. Lk 19,1–10: Jesus bringt dem Haus des Zöllners Zachäus das Heil. Diese Geschichte lädt dazu ein, Jesu verwandelnde Gegenwart in unsere innere Welt einzulassen.

16. DREIen sind begeisterungsfähig. Mt 12,33–37: Aus den Worten läßt sich auf die Eigenschaften des Herzens schließen. Die Erzählungen erinnern daran, daß alles Gute von innen kommt.

17. DREIen sind pragmatisch und begreifen schnell. Lk 16,1–8: Das Gleichnis vom klugen Verwalter mahnt uns, unsere Tatkraft in den Dienst Gottes zu stellen.

18. DREIen sind hilfsbereit und großzügig. 1 Kor 13: Die Eigenschaften der Liebe.

19. DREIen können gut delegieren. Sie können Verantwortung übertragen, so wie die Dinge es erfordern. Apg 6,1–7: Die Apostel übertragen das Amt des Tischdienstes auf die Sieben und bleiben selbst beim Dienst am Wort.

20. DREIen wissen, wie man mit Geld und Zeit wirtschaftet. Gal 6,7–10: Was es nützt, im Geist zu leben; eine Ermutigung, nicht müde darin zu werden, Gutes zu tun.

Sündhaftigkeit, mit der man beten kann

1. VIERen sind unzufrieden. Lk 24,13–35: Die Jünger sind auf dem Weg nach Emmaus. Jesus trifft sie mitten in ihrer Enttäuschung.

2. VIERen können nicht normal oder natürlich sein. Mk 10,13–16: Jesus konnte leicht und gut mit Kindern umgehen.

3. VIERen romantisieren ihre Gefühle. Mt 5,37: Jesus will, daß wir uns einfach ausdrücken.

4. VIERen fehlt es an Freude. Phil 4,4–9: Freuet euch im Herrn zu jeder Zeit.

5. VIERen sind neidisch. Jak 4,1–3: Neid ist die Quelle von Zwietracht und führt zu Streitigkeiten und Kämpfen.

6. VIERen sind Nörgler. Jona 4: Der Prophet beschwert sich; Gott antwortet.

7. VIERen klammern sich an Verwundung und Schmerz. Mk 10,46–52: Die Ungeduld des Bartimäus, von seinem Leiden befreit zu werden, und die Antwort Jesu.

8. VIERen sind nicht anpassungsfähig. Mt 15,21–28: Die Heilung der Tochter einer kanaanäischen Frau. Jesus paßt seine Mission an, um den Nicht-Israeliten entgegenzukommen.

9. VIERen verhalten sich distanziert, verachtungsvoll und snobistisch. Kol 3,12–15: Regeln für christliches Verhalten beinhalten Freundlichkeit, Güte, Geduld und das Ertragen der anderen.

10. VIERen sind elitär und finden nicht leicht zu einer Beziehung mit dem einfachen Volk. Mt 9,9–13: Die Berufung des Matthäus und das Essen mit den Sündern. Zöllner und Sünder fühlen sich bei Jesus wohl.

11. VIERen haben ein ausgeprägtes Phantasieleben, das

sie an der Berührung mit der Realität hindert. Lk 9, 28–36: Bei der Verklärung möchte Petrus diese Erfahrung festhalten. Jesus lädt ihn ein, sich in die Menge einzureihen.

12. VIERen können sich selbst nicht leiden. Jes 43, 1–5: Gott ruft uns beim Namen und sieht unseren Wert.

13. VIERen sind ernst und scheinen nie wirkliches Glück zu finden. Lk 19, 1–10: Sieh Jesus bei Zachäus und achte auf seine erfreute Antwort.

14. VIERen beschäftigen sich mit dem Tod, den sie sehr fürchten. Lk 10, 29–37: Der barmherzige Samariter. VIERen müssen anderen Notleidenden helfen, um ihre eigene Dunkelheit zu überwinden.

15. VIERen sind oft niedergeschlagen. Ps 22: Das Gebet Jesu am Kreuz. Nimm wahr, wie das ehrliche Aussprechen seines Schmerzes und Kampfes in ein Dankgebet mündet.

16. VIERen schwatzen, wenn sie sich unbeobachtet fühlen. Kol 4, 5–6: Empfehlungen für eine verantwortete Rede.

17. VIERen tragen Masken und leben die meiste Zeit, als stünden sie ‚auf der Bühne'. Mt 23, 8–12: Jesus warnt davor, Rollen wie die des Rabbis oder Lehrers zu spielen.

18. VIERen sind egozentrisch. 1 Joh 3, 16–20: Aufruf zu aufopferungsvoller Liebe nach dem Beispiel Jesu.

19. VIERen versuchen, ihre Umgebung zu beherrschen. Mk 8, 27–33: Petrus tritt Jesus entgegen und versucht, dessen Sendung zu bestimmen.

20. VIERen erwarten zuviel von ihren Freunden und sind nicht loyal, wenn die anderen nicht mit ihnen übereinstimmen. Lk 22, 31–34: Jesus betet für Petrus und bleibt ihm treu, obwohl Petrus ihn verleugnet.

21. VIERen fehlt es an Spontaneität. Mk 1, 40–45: Die

Heilung des Aussätzigen. Schau auf die natürlichen Antworten und Gefühle Jesu.

22. VIERen meiden schmutzige Arbeit. Koh 3,1–8: Alles menschliche hat seine Zeit.

23. VIERen sind spröde; in ihrem Leben ist kein Schwung. Jak 5,7–11: Lebe im Einklang mit dem gewöhnlichen Lebensrhythmus.

24. VIERen analysieren zuviel. Ijob 38–39: Ijob beugt sich der Weisheit Gottes, die alles menschliche Begreifen übersteigt.

25. VIERen können sich nur schwer auf eine Gruppe einstellen. Mk 6,30–44: Jesus verzichtet auf seine eigenen Bedürfnisse, um bei den Menschen in ihrer Not zu sein.

26. VIERen reagieren auf Zurückweisung überempfindlich. Joh 18,33–40: Jesus vor Pilatus. Schau, wie er Ablehnung erfährt und darauf reagiert.

27. VIERen sind Einzelgänger. Gen 2,18–24: Gott sagt: Es ist für eine Frau oder einen Mann nicht gut, allein zu sein!

28. VIERen können nicht verzeihen. Mt 18,21–35: Siebzigmal siebenmal sollt ihr vergeben. Es gibt keine Beziehung zu Gott ohne Vergebung.

Beschenktsein, über das man sich freuen kann und das man im Gebet verstärken soll

1. VIERen schätzen und pflegen Schönheit in ihrer Umgebung. Sir 43,13–37: Freue dich an den Wundern der Natur.

2. VIERen sind sensibel gegenüber der Außenwelt. Lk 10,23–24: Selig sind die, die gesehen und gehört haben, was ihr gesehen und gehört habt.

3. VIERen haben die Gabe, sich künstlerisch auszudrük-

ken. Lk 1,67–79: Zacharias preist Gottes Gaben wundervoll im Benedictus.

4. VIERen fühlen sich gut in Menschen ein. Joh 2,1–12: Marias Einfühlsamkeit in Kana.

5. VIERen erspüren Lebensenergien. 1 Joh 1,1–4: Sei bereit, Jesus und seine Kraft zu erfahren.

6. VIERen sind von Natur aus ökumenisch gesinnte Menschen. Apg 10,34–36: Jeder aus jeglicher Nation ist Gott willkommen, wenn er ihn fürchtet.

7. VIERen trennen das Heilige und das Profane nicht voneinander. Alles ist heilig. 1 Joh 4,1–3: Die Fähigkeit, den Geist im menschlichen Leben zu entdecken.

8. VIERen sind in der Welt des Unbewußten zu Hause. Röm 8,1–13: Das Leben im Geist.

9. VIERen sind gebildet und kultiviert. Eph 4,25–32: Gegenseitige Achtung ist wichtig.

10. VIERen sind kreative und einfallsreiche Menschen. Jer 18,1–12: Des Töpfers künstlerische und kreative Gabe.

11. VIERen haben gute Manieren. Eph 4,1–6: Lebe ein Leben, das deiner Berufung würdig ist.

12. VIERen sind tiefgründig. 1 Kor 2,10–14: Die Tiefen Gottes im Geist des Menschen.

13. VIERen können die emotionale Atmosphäre einer Gruppe erspüren. 1 Joh 13,1–16: Die Empfindsamkeit Jesu den Gefühlen seiner Jünger gegenüber.

14. VIERen haben die Fähigkeit, schmerzvolle Lebenserfahrungen in etwas Schönes zu verwandeln. 2 Kor 4,16–18: Der äußere Leib verfällt, der innere wird erneuert.

15. VIERen bringen sich und das, was sie tun, in einen Zusammenhang. Sie lassen sich auf den Augenblick ein. 1 Kor 3,10–17: Du mußt sorgfältig arbeiten.

16. VIERen sind sehr großzügig, wenn sie gebeten wer-

den, sich für ein Projekt einzusetzen, und machen ihre Sache gut. Jes 6,1–9: Jesajas Bereitschaft, sich in Dienst nehmen zu lassen.

17. VIERen haben einen Blick für die Talente anderer. 1 Kor 10,31–33: Ich versuche, jedem gegenüber hilfsbereit zu sein. Ich schaue nicht nur auf meinen eigenen Vorteil.

18. VIERen können die gewöhnlichen und einfachen Dinge des Lebens genießen. Ps 8: Ich sehe deinen Himmel, Mond und Sterne.

Schriftstellen für die Persönlichkeitsgestalt ACHT

Sündhaftigkeit, mit der man beten kann

1. ACHTen versuchen zu erfahren, wer die Macht hat und orientieren sich dorthin. 2 Kor 5,14: Die Bitte, sich von der Liebe Christi prüfen zu lassen und nicht von einer Vorstellung von Macht, in der der Mensch alles beherrscht.

2. ACHTen sind sich ihrer eigenen Macht sehr bewußt und können sie dazu benutzen, andere einzuschüchtern. Lk 9,51–56: Die Apostel wollen Feuer herabsenden und eine Stadt zerstören. Jesus weist sie zurecht. ACHTen müssen sorgfältig auf die Worte Jesu hören.

3. ACHTen sind sehr sensibel ihrem eigenen Herzen gegenüber. Lk 6,27–38: Alle sind wir verletzt, und dennoch sind wir dazu aufgerufen, unsere Feinde zu lieben. Die Weise der Vergebung, von der diese Stelle spricht, ist das höchste an Tugend, zu dem eine ACHT fähig ist.

4. ACHTen neigen dazu, die zu bestrafen, von denen sie verletzt wurden. Röm 12,14–21: ‚Den Verfolgern Gu-

tes zu tun', das kann von einer ACHT mit großem Gewinn meditiert werden.

5. ACHTen antworten auf eine bitte zuerst einmal mit „Nein". Sie brauchen dieses „Nein", um Zeit zu gewinnen und herauszufinden, was sie wirklich tun wollen. Mt 21,28–32: Die erste Antwort soll überdacht werden.

6. ACHTen können unmittelbare und spontane Urteile fällen, ohne sich die Zeit für die Gewinnung eines vollständigen Bildes zu nehmen. Ps 46,10: Die Einladung, still zu werden und Gott zu erfahren; in diesem Stillsein vor Gott ist zu hoffen, daß der Mensch eine Situation breiter und tiefer verstehen kann.

7. ACHTen fällt es schwer, richtig zuzuhören. Ps 32,8–9: Gott hat versprochen, den Menschen zu unterweisen; an uns liegt es, aufmerksam zu sein.

8. ACHTen können voller Ideen stecken, und einen guten Rat aber können sie schnell vergessen. Apg 5,27–33: Es ist wichtiger, sich von Gottes Geist führen zu lassen als dem eigenen Kopf zu folgen.

9. ACHTen können so empfindlich auf Ungerechtigkeit reagieren, daß sie selbst dort Machtspiele sehen, wo es gar keine gibt. Ps 37: Kann daran erinnern, daß das Schicksal der Guten und der Bösen in Gottes Hand liegt und nicht in unserer. Das kann uns helfen, uns dem Leben und unseren Beziehungen unbelasteter zu nähern.

10. ACHTen können Strafen verteilen, andere ihrer Würde berauben und sie erniedrigen. 2 Tim 4,1–5: Ein Aufruf zu unerschöpflicher Geduld beim Lehren und Leiten anderer.

11. Der Zorn der ACHTen ist heftig und unmittelbar. Lk 22,47–51: Jesu Antwort auf solchen Zorn.

12. ACHTen lassen sich gern zu aufregenden und sogar gefährlichen Taten reizen. Ein Leben ohne Anreize

kann langweilig für sie sein. Ps 131: Diese Stille brauchen sie. Dafür steht das Bild des Kindes, dessen Unschuld sie unbedingt bei sich entwickeln müssen.

13. ACHTen sehen in der Sünde etwas Fürchterliches. Sie erfahren sich so gut wie gar nicht als geliebte Sünder. Eph 2,1–10: Wie wundervoll ist die Barmherzigkeit Gottes!

14. ACHTen können andere damit ermüden, lange und hart zu arbeiten, und von ihnen verlangen, es ebenso zu machen. Lk 10,38–42: Die Geschichte von Maria und Martha täte diesen Menschen gut.

15. ACHTen wollen, daß die Dinge vorankommen. Sie überrennen andere, um das zu erreichen, was ihnen wichtig ist. Mk 10,13–16: Jesu Umgang mit den Kindern zeigt, wie zärtlich er die Kleinen, scheinbar Unbedeutenden behandelt. ACHTen können viel daraus lernen, daß die Jünger die Kinder wegschicken wollen.

16. ACHTen nennt man auch „das Schmirgelpapier des Enneagramms". Sie können rauh und sarkastisch sein. 2 Tim 2,23–25: Lehrt sie, gefühllose Streitereien zu meiden und andere im Geist der Freundlichkeit zurechtzuweisen.

17. ACHTen haben bei all ihrer Härte eine tiefsitzende Furcht vor sich selbst, besonders fürchten sie ihren eigenen Zorn und auch den Tod. Joh 6,25–58: Das kann sie mit dem ewigen Leben, das Gott schenkt, in Berührung bringen.

18. ACHTen scheinen niemanden zu brauchen. Der Brief an Philemon handelt ausschließlich über den Wert des gemeinsamern Arbeitens für das Evangelium. Er verdeutlicht den Wert von Teamarbeit.

19. ACHTen haben sich stets unter Kontrolle, auch was ihr Gefühlsleben betrifft. Mk 10,17–22: Jesus sah den reichen jungen Mann an und gewann ihn lieb; er

liebte ihn aber so, daß er ihm die Freiheit ließ, seine eigene Wahl zu treffen.

20. ACHTen tun sich schwer damit, sich selber zu vertrauen. Sie können voller Anklagen gegen sich sein. Jer 10, 23–24: Jeremias Bitte, Gott möge ihn in Freundlichkeit zurechtweisen.

21. ACHTen neigen dazu, andere zu beurteilen, und heben angesichts der Schwäche anderer ihre eigene Stärke hervor. 2 Kor 5, 16–21: Wir sollen nicht nach menschlichen Maßstäben urteilen, sondern nach dem Wort Gottes. Wir sollen „Gerechtigkeit Gottes" werden.

22. ACHTen haben Schuldgefühle, wenn sie nicht für Wahrheit und Gerechtigkeit kämpfen. 1 Kor 13, 1–13: Erinnert die Glaubenden daran, daß die größte Gabe die Liebe ist.

23. Die Leidenschaften der ACHTen sind Wahrheit, Liebe und Unmäßigkeit. Eph 5, 15–20: Wir sollen nicht gedankenlos sein, sondern Gottes Willen wahrnehmen, auch wenn wir vielleicht in einer schlimmen Zeit leben.

24. ACHTen fällt es schwer, Leid, Schwäche und das Bedürfnis nach Liebe zuzugeben. Ebenso haben sie Schwierigkeiten damit, verwundbar zu sein und sich um sich selbst zu kümmern. 2 Kor 12, 7–10: Erinnert daran, daß Gottes Gnade im Schwachen wirkt – ein wundervolles Zeugnis dafür, daß menschliche Schwäche und Machtlosigkeit Annahme findet.

25. ACHTen sind auf Macht aus. Lukas 22, 24–27: Wer der Größte sein will, soll der Diener aller sein.

26. ACHTen gewinnen gerne. 2 Tim 4, 6–8: „Ich habe den guten Kampf gekämpft." Hier geht es nicht um das Gewinnen.

27. ACHTen hassen sich, wenn sie sich schwach oder entmutigt fühlen. Lk 22, 31–34: Ich habe für dich gebetet.

Laß Jesus auch für dich beten, wenn du eine ACHT bist.

28. ACHTen können die Schwäche anderer ausnutzen, um zu gewinnen. Jer 17,3–10: Setz dein Vertrauen auf Gott, nicht auf die anderen Menschen.

29. ACHTen kennen die Versuchung, „Auge um Auge" zu vergelten. Mt 5,38–42: Jesus spricht deutliche Worte dazu.

30. ACHTen kennen die Versuchung zur Rache. Sie wollen denen, die einen Fehler gemacht haben, eine Lehre erteilen und lassen sie ihre Suppe selber auslöffeln. Joh 18,25–27: Die Verleugnung des Petrus kann sie mit der Möglichkeit konfrontieren, daß sie selber auch sündigen. Sie können merken, wie man sich dabei fühlt, und was in schwachen Momenten des Lebens hilft.

Beschenktsein, über das man sich freuen kann und das man im Gebet verstärken soll

1. In schwierigen Situationen sind ACHTen in ihrem Element. 2 Kor 4: ACHTen sind sich des Schatzes in ihrem Innern bewußt und bereit, sich selbst auch in schwierigen Situationen einzubringen. Mit diesem Abschnitt zu beten, kann sie in der ihnen gegebenen mutigen Großzügigkeit bestärken.

2. ACHTen sind selbstlos, und wenn sie in ein Projekt einsteigen, denken sie nicht daran, was es sie kosten kann. 2 Kor 6,3–10: Bestätigt sie in dieser Lebensweise. Gottes Diener bewähren sich durch große Tapferkeit im Leiden.

3. ACHTen haben Sinn für die Familie und für Blutsverwandtschaft. Joh 10,14–16: Jesus hat eine Liebe, die bereit ist, für die Geliebten ihr Leben hinzugeben.

4. ACHTen gehen klar und unkompliziert an das Leben heran. Mt 5,37: Fordert zu Direktheit und Klarheit auf: Sage ja, wenn du Ja meinst, und nein, wenn du Nein meinst.

5. ACHTen können anderen ein Gefühl von Sicherheit und Glück vermitteln. Phil 4,4–9: Paulus wünscht seinen Nachfolgern die gleichen Gaben.

6. ACHTen können Menschen zusammenführen und ihnen eine Vision vermitteln. Lk 4,16–22. Jesus tut genau das.

7. ACHTen sind optimistisch. 1 Petr 3,15: Die Hoffnung wird bestätigt, und wir sind dazu gerufen, Rechenschaft zu geben von der Hoffnung, die in uns ist.

8. ACHTen fördern Wachstum und Unabhängigkeit in anderen. 2 Tim 3,10–17: Die Beschreibung der Ausbildung des jungen Timotheus kann die natürlichen Wünsche und Gaben dieser Menschen aktivieren.

9. ACHTen legen großes Gewicht darauf, daß alle Menschen gleichgestellt sind. Apg 4,32–34: Die junge christliche Gemeinschaft besaß alles gemeinsam. Keinem Menschen fehlte etwas Notwendiges, während ein anderer mehr als genug besaß.

10. ACHTen besitzen einen Sinn fürs Leben, für harte Arbeit und können mit harten Bandagen kämpfen. 2 Kor 11,1–33: Lobt harte Arbeit, die für ACHTen natürlich ist, und fordert dazu auf.

11. ACHTen sind zu tiefer Liebe fähig. Phil 1,3–5: Paulus dankt Gott für die Menschen, denen er zutiefst dankbar ist und die er liebt.

12. ACHTen verfügen über Zärtlichkeit und Unschuld, die aber meist nur in der Gegenwart von Kindern, Tieren, schwachen Menschen oder in der freien Natur aufscheint. Ps 104: Der Lobpreis der Schöpfung kann diese Zärtlichkeit freisetzen.

13. ACHTen kennen ein tiefes Mitgefühl für das Leid der

Welt und der Armen. Ps 34: Kann sie mit Gottes Gerechtigkeit und Liebe in Berührung bringen. Sie sollen diese Eigenschaften, die sie so oft in menschlichen Beziehungen vermissen, bei Gott loben.

14. ACHTen sind ehrlich. Gen 3,9: Die große Frage: „Wo bist du?" kann ACHTen vor Gott weiterbringen und ihnen helfen, ihre Gefühle zu benennen und sich selber ehrlich im Gebet zu stellen.

15. ACHTen haben ein echtes Verlangen danach, die Welt zu verbessern und sie nicht gebrochen und geteilt zu belassen. Sie können sich gut mit dem Auftrag des Propheten in Jes 61 in Beziehung setzen.

16. ACHTen sind stark und vermitteln anderen oft die Botschaft: „Du kannst dich an mich anlehnen." Joh 21,9–19: Eine Einladung, auch andere für sie dasein zu lassen. Es wird Zeiten der Schwäche geben, wie z. B., die ACHTen das Starksein unmöglich machen. Diese Stelle will sie ermutigen, einen anderen für sich stark sein zu lassen.

17. ACHTen sind wirklich fürsorglich. Jes 55,1–3: Gottes Fürsorge für sein Volk.

18. ACHTen sind direkt. Sie können sich sehr darin bestärkt fühlen, die Dinge beim Namen zu nennen, wenn sie die Bücher der Propheten Amos und Joel lesen und betend meditieren.

19. ACHTen sind mutig. 1 Petr 4,12–19: Eine Ermutigung, Christi Leiden zu teilen.

20. Das Wort von ACHTen gilt. Jes 6,8–9: Mit seinem Wort bindet sich Jesaja: Ich will gehen. Sende mich.

21. ACHTen leben in der Wirklichkeit, in der Gegenwart. Sie haben die Fähigkeit, ein Problem beim Namen zu nennen und etwas dagegen zu unternehmen. Joh 2,13–25: Jesus reinigt den Tempel. Er hat das Problem wahrgenommen und etwas dagegen getan.

22. ACHTen strahlen Kraft und Energie aus. Joh 9,4–5:

Jesus hat die gleiche Kraft und Energie; wir müssen arbeiten, solange es Tag ist.

23. ACHTen sind großzügig. Sir 29,8–17: Eine Betrachtung zur Großmütigkeit.

24. ACHTen lieben die Herausforderung und sind in schwierigen Situationen zu Hause. Mt 14,22–23: Jesu Gang auf dem Wasser.

Schriftstellen für die Persönlichkeitsgestalt NEUN

Sündhaftigkeit, mit der man beten kann

1. NEUNen unterdrücken Gefühle und scheinen oft kraftlos zu sein. Offb 3,14–16: Gott will, daß wir uns in Glauben und Leben ganz einbringen.

2. NEUNen sind schwer zu motivieren. Apg 10,1–20: Der Auftrag zu predigen und Zeugnis abzulegen.

3. NEUNen haben einen eintönigen Redestil; sie können ständig herumnörgeln. Kol 3,12–17: Wir sollen aufmerksam und dankbar für das Geschenk des Lebens und des Glaubens sein.

4. NEUNen versuchen oft, andere dazu zu bringen, ihre Arbeit zu tun. Lk 1,39–45: Maria ist bereit, ihrer Kusine zu helfen zu einer Zeit, als sie selber wohl Hilfe von anderen erwartet haben könnte.

5. NEUNen können den Blick für das Ganze verlieren, weil sie sich mit Einzelheiten abgeben. Lk 17,11–19: Die Heilung von zehn Leprakranken. Der nicht ausgesprochene Dank, der über dieser Szene hängt, zeigt, was passieren kann, wenn die Wahrheit einer Situation in den Hintergrund tritt.

6. NEUNen vermeiden Konflikte. Joh 7,1–38: Jesus begibt sich furchtlos in einen Konflikt.

7. NEUNen können sich zu sehr mit Nebensächlichkei-

ten aufhalten. Röm 11,33–36: Wir sind dazu berufen, die Tiefen des Geheimnisses Gottes zu verstehen.

8. NEUNen können den Eindruck haben, daß die „Welt" sich nicht für sie interessiert; das führt dazu, daß sie von gesellschaftlichen Maßstäben nichts wissen wollen. Lk 2,1–7: Das Leiden der Heiligen Familie wurde dadurch verursacht, daß Menschen sich nicht um sie kümmerten.

9. NEUNen fällt es schwer, in einer konkreten Situation ‚Ja' oder ‚Nein' zu sagen und harten Forderungen zu widerstehen. Joh 15,18–27: Lehrt die NEUNen, daß Verfolgung im Leben zu erwarten ist und daß wir darin nicht alleine stehen.

10. NEUNen kennen zeitweise die Erfahrung der Hoffnungslosigkeit. Mt 21,8–22: Wenn wir nur glauben, wird unser Gebet auch erhört.

11. NEUNen finden sich leicht damit ab, daß die Dinge so sind, wie sie sind. Mt 25.31–46: Im Gericht am Ende der Zeit werden wir danach beurteilt werden, wie wir auf die Nöte der Welt reagiert haben.

12. NEUNen suchen Sinn außerhalb ihrer selbst, statt sich nach innen zu wenden. Lk 17,20–21: Das Reich Gottes ist mitten unter euch.

13. NEUNen kennen eine innere Lähmung, die zur Unentschlossenheit führt. Mt 25,14–30: Das Gleichnis von den Talenten ist ein starker Kommentar zu verpaßten Gelegenheiten.

14. NEUNen übernehmen für ihr Leben keine Verantwortung. Joh 5,1–9: Der Gelähmte am Teich wartete 38 Jahre, bis jemand käme und ihn hineintrage.

15. NEUNen fühlen sich unwichtig und unbedeutend. 1 Kor 12,12–30: Alle Glieder des Leibes sind lebensnotwendig.

16. NEUNen können sogar denen, die sie lieben, das Ge-

fühl vermitteln, daß an ihnen nichts Besonderes ist. Sie unterdrücken ihre Gefühle. Joh 11,17–44: Läßt uns spüren, wie emotional Jesus ist und wie leicht er seine Gefühle zeigt.

17. NEUNen können von denen, die sie sehr lieben, erwarten, ihnen ihren Sinn und ihre Bedeutung zu geben und von daher hysterisch werden und sich anklammern. Joh 20,11–18: Jesus bittet Maria von Magdala, ihn nicht festzuhalten.

18. NEUNen können mit starken Gefühlen nicht gut umgehen. Hebr 5,7–10: Verschiedene Gefühle, die zum Weg Jesu als Mensch gehörten.

19. NEUNen sind nachlässig und vergeßlich. Hebr 6,9–12: Gott erinnert sich an unser Gutsein und will, daß wir am Guten festhalten.

20. NEUNen kümmern sich nicht um Dinge, die nicht unmittelbar gegenwärtig sind. Hebr 3,15–19: Wie wichtig ist der gegenwärtige Augenblick.

21. NEUNen sind entweder ‚ganz da‘ oder ‚ganz weg‘. Joh 15,1–9: Sei beständig und bleibe am fruchtbringenden Zweig.

22. NEUNen kümmern sich nicht um die Zukunft. Joh 17: Jesus kümmert sich um die Zukunft der Apostel. Er betet für das, was sie brauchen.

23. NEUNen sind sinnlich und fühlen sich deshalb oft schuldig, besonders weil sie gegen das sinnliche Begehren kämpfen. Lk 7,36–50: Jesus liebt die Ehebrecherin und vergibt ihr.

24. NEUNen können kühl oder verklemmt wirken, weil sie sich vor ihren starken Gefühlen schützen wollen. Lk 13,34–35: Jesus trauert öffentlich um Jerusalem. Er versteckt seine starken Gefühle nicht.

25. NEUNen sind unpünktlich. Ps 40: Ein Psalm vom Warten auf Gott. NEUNen können mit ihrer eigenen Erfahrung des Wartens in Berührung kommen und so

besser verstehen, was es heißt, andere warten zu lassen.

26. NEUNen können Kleinigkeiten vernachlässigen. Mk 8,1–10: Bei der Vermehrung der Brote und Fische wird auf die Reste geachtet.

27. NEUNen neigen zur Trägheit. Spr 6,6–11: Die Geschichte vom Faulen und der Ameise.

28. NEUNen fehlt es an Entschlußkraft. 2 Tim 1,6–14: Eine Ermahnung, die Gnade Gottes wieder zu entfachen.

29. NEUNen sind eigensinnig. Ex 33,1–4: Die peinliche Lage der halsstarrigen Israeliten.

30. NEUNen sind nicht besonders aufmerksam und langweilen sich leicht. Lk 1,46–55: Das Magnificat zu beten, kann das Gespür für Gottes Gegenwart und Seine Gaben lebendig halten.

31. NEUNen können selbstbezogen wirken und so, als ob sie nur wenig von sich einsetzen. Joh 21,15–17: Die Liebe bewährt sich im Dienst am Nächsten.

32. NEUNen horten alles mögliche. Mt 6,19–21: Sammle keine Schätze an.

33. NEUNen lassen sich sehr von ihren Vorlieben und Abneigungen leiten. Jak 2,1–4: Die zwei Maßstäbe des Urteilens.

34. NEUNen sind Zauderer. Lk 14,15–24: Die eingeladenen Gäste verpassen die Chance, in das Königreich zu gelangen, weil sie zögern und sich entschuldigen.

Beschenktsein, über das man sich freuen kann und das man im Gebet verstärken soll

1. NEUNen sind die Friedensstifter des Enneagramms. Eph 2, 14–18: Christus ist unser Friede.

2. NEUNen sind unerschütterlich und nehmen andere ohne weiteres an. Joh 8, 2–11: Jesus läßt sich von den anderen nicht beeindrucken und nimmt die Ehebrecherin an.

3. NEUNen verurteilen nicht. Röm 14, 7–12: Wir gehören dem Herrn und sollten übereinander kein Urteil abgeben.

4. NEUNen sind fair und können gewöhnlich alle Aspekte einer Situation einschätzen. Ps 15: Lobt den Menschen, der seinem Nächsten nichts Schlechtes antut.

5. NEUNen sind wie das „Salz der Erde"; mit ihrer Begabung können sie im Hier und Jetzt unmittelbar gegenwärtig sein. Mt 6, 25–34: Vertraut auf die Vorsehung und lebt gelassen in der Gegenwart.

6. NEUNen können stark verwurzelt sein. Kol 2, 6–7: Sei in Gott verwurzelt.

7. NEUNen haben die Begabung, eine harte Wahrheit auf sachliche Weise auszusprechen. 2 Kor 4, 1–6: Die Gabe aufrichtiger, einfacher Verkündigung.

8. NEUNen sind ruhig und können andere beruhigen. Joh 2, 1–12: Maria sorgt sich um andere und beruhigt sie. Auch als Jesus ihre Bitte zunächst zurückweist, bleibt sie ruhig.

9. NEUNen haben einen Sinn für Harmonie, für die Einheit mit der Welt und mit anderen. Joh 17, 20–26: Jesu Bitte, daß alle eins seien, entspricht dem Herzen von NEUNen.

10. NEUNen sind anspruchslos und einfach im Umgang. 1 Petr 2, 1–3: Der Befehl, zu den anderen nicht zu hart zu sein.

11. NEUNen sind ausgeglichen. Eph 5,1–20: Der Aufruf, sorgsam auf das eigene Verhalten zu achten.
12. NEUNen sind zugänglich. Gal 5,13–15: Stell dich für den Dienst am Nächsten zur Verfügung.
13. NEUNen liegt an Einigkeit und Harmonie. Jak 4,1–3: Die große Sorge um die Einigkeit.
14. NEUNen sind sanft. Mt 11,28–30: Lernt von mir, denn ich bin sanftmütig.
15. NEUNen sind Nonkonformisten mit der Fähigkeit, gegen den Strom zu schwimmen, wenn es für sie nötig ist. Mt 15,10–20: Jesu Worte über Reinheit und Unreinheit, über den Unterschied zwischen Innen und Außen.
16. NEUNen sind bescheiden. Eph 4,7–16: Jede/r von uns hat Gottes Gnade empfangen in dem Maße, wie Gott sie verleiht.
17. NEUNen sind locker. Joh 4,5–26: Der entspannte Umgang Jesu mit der Frau aus Samaria.
18. NEUNen sind freundlich. 2 Tim 2,22–26: Sei freundlich allen gegenüber.
19. NEUNen sind unbefangen. Lk 21,1–14: Das Opfer der Witwe. Die Frau ist sich der Größe ihrer Gabe nicht bewußt.
20. NEUNen geben anderen das Gefühl, bedeutsam zu sein. Lk 19,1–10: Die Suche nach dem Verlorenen.

Sündhaftigkeit, mit der man beten kann

1. EINSen beschäftigen sich vor allem mit der Unvoll-kommenheit um sich herum und in sich selbst. Mt 13,24–30: Die Parabel vom Unkraut. Jesus fordert dazu auf, Unkraut und Weizen miteinander wachsen zu lassen.

2. EINSen neigen dazu, Utopien zu träumen. Phil 3,6–10: Paulus erkennt die Grenzen seines unmögli-chen Traumes von der Vollkommenheit in seiner eige-nen Selbstgerechtigkeit.

3. EINSen sind nachtragend und unterdrücken ihren Zorn. Lk 15,25–32: Die Parabel vom barmherzigen Vater und den zwei Söhnen. Im Zorn verleugnet der ältere Sohn die Verbundenheit mit seinem Bruder und weigert sich, zu dem Fest zu gehen.

4. EINSen finden beständig Fehler und bemerken, was wo fehlt. Gal 6,1–5: Christen sind dazu da, Gutes zu tun und einander die Mühe des Lebens zu erleichtern.

5. EINSen sind getrieben und rastlos; ihnen fehlt die in-nere Gelassenheit. Mk 4,26–29: Das Gleichnis von der Saat, die im Verborgenen wächst. Laß los, das Reich Gottes wächst von alleine.

6. EINSen können ihre Zeit mit Kleinkram vertun. Mt 23,23–24: Jesus warnt die Pharisäer und Schriftge-lehrten, die in kleinen Dingen streng sind, das We-sentliche jedoch verfehlen: Gerechtigkeit, Barmher-zigkeit und Redlichkeit.

7. Wenn etwas schiefgegangen ist, wärmen EINSen das Gewesene immer wieder auf. Jes 38,17: Wirf Unrecht hinter dich; Gott vergißt sogar die Sünde.

8. EINSen können penibel sein und stets in allen Berei-chen des Lebens den Schmutz bekämpfen. Joh

8,1–11: Jesus schaut voller Mitleid und nicht mit den Augen der rechtschaffenen Bürger auf die Frau, die beim Ehebruch erwischt worden ist.

9. EINSen wägen stets ab, was sie sagen. Ihnen fehlen Schwung und Natürlichkeit im Leben. Mt 25,14–30: Das Gleichnis von den Talenten. Beständiges Maßregeln seiner selbst ist gleichbedeutend damit, sein Talent zu vergraben.

10. EINSen richten und teilen alles in Kategorien von gut und böse, richtig und falsch ein oder moralisieren. Mt 7,1–5: Jesus gebraucht harte Worte über das Richten von anderen Menschen.

11. EINSen sind zu analytisch; sie denken oft nach über das ‚Warum' der Dinge. Jes 55,8–9: Gottes Gedanken und Wege sind geheimnisvoll wie das menschliche Leben.

12. EINSen sind streitsüchtig. Gal 5,19–21: Paulus enttarnt diese Haltung als Folge der Hemmungslosigkeit.

13. EINSen gehen hart mit anderen ins Gericht. Jak 2,12–13: Ein Gericht ohne Gnade wird denen zuteil, die keine Barmherzigkeit gezeigt haben.

14. EINSen können die Dinge manchmal einfach so laufen lassen. Lk 1,26–28: Die Verkündigungsszene. Maria willigt in den Plan, den Gott mit ihr hat, ein.

15. EINSen fressen ihre Wut eher in sich hinein, als daß sie ihren Zorn direkt ausdrücken. Mt 5,38–42: Jesus fordert dazu auf, auch die andere Wange hinzuhalten.

16. EINSen sagen zu schnell ‚Ja' und bedauern das dann. 2 Kor 9,7–8: Was zählt, ist, daß wir freimütig geben, nicht daß wir anderen gefallen.

17. EINSen explodieren in ihrem Zorn. Mt 5,43–44: Jesus fordert die Liebe zu den Feinden.

18. EINSen lassen sich von den Erwartungen anderer beherrschen und sind übermäßig besorgt. Mk 5,25–34: Die Heilung der blutflüssigen Frau. Sie geht unbefan-

gen auf Jesus zu und berührt ihn trotz des sozialen Drucks.

19. EINSen üben ständig Kritik und finden bei sich Fehler. Lk 5,27–32: Jesus beruft einen Steuereinzieher und ißt mit Sündern.

20. EINSen tun sich schwer damit, Komplimente anzunehmen, weil sie meinen, daß sie sie nicht verdienen. Lk 15,11–32: Der Vater behandelt den zurückgekehrten Sohn nicht danach, wie er es verdient hat, sondern als sein Kind.

21. EINSen erleben häufig Enttäuschungen. Die Dinge sind nicht so, wie sie sein könnten. Röm 8,31–39: Gottes Liebe zu ihnen und zur Welt ist unerschütterlich und weckt Hoffnung.

22. EINSen sind ruhelos. Sie haben ständig das Verlangen danach, sich an einen anderen Ort zu begeben oder etwas anderes zu tun. Hebr 2,14–18: Jesus, der barmherzige und treue Hohepriester, war in allem den Menschen gleich.

23. EINSen wollen sich nicht festlegen. Hebr 12,1–3: Das Beispiel von Jesu Treue müssen sie im Auge behalten.

24. EINSen wollen nicht in eine Stellung geraten, in der andere auf sie angewiesen sind. Sie haben Schwierigkeiten mit der Elternrolle. Ez 34,1–16: Gott rügt die Führer, weil sie ihre Verantwortung nicht wahrgenommen haben und die ihnen Anvertrauten nicht geheilt und gspeist haben.

25. EINSen sprechen mit einer kantigen Stimme. Sie liegen im Streit mit der Wirklichkeit. Jak 5,7–8: Sie sollen Geduld haben mit der Wirklichkeit, wie ein Bauer, der auf Regen wartet.

26. EINSen können etwas leicht ins Lächerliche ziehen, weil nichts so ist, wie es sein könnte. Gen 1,1 – 2,4: Gott sah, daß die Schöpfung gut war.

27. EINSen können sich schuldig fühlen, weil sie mensch-

lich sind. Joh 13,1–11: Jesus wäscht den Jüngern die Füße. Können sie ihn ihre Füße waschen lassen? Oder müssen sie sie erst vorher reinigen?

28. EINSen fürchten Kritik. Um sie abzuwehren, kritisieren sie sich zuvor selber. 1 Kor 4,1–5: Paulus lehnt die Macht ab, die in der Kritik anderer steckt, und verzichtet darauf, sich selber zu beurteilen, weil Gott der Richter ist.

29. EINSen ducken sich, wenn sie gescholten werden. Mt 6,19–21: Jesus fordert dazu auf, das Herz an den wahren Schatz zu hängen.

30. EINSen entschuldigen sich immer. Sie geben sich große Mühe, alles klarzustellen, selbst wenn das nicht notwendig ist. 2 Kor 11,30–33: Paulus findet es töricht, sich zu rühmen. Nimm das Bild seiner Flucht: Er wird in einem Korb von einem Fenster in der Außenmauer der Stadt heruntergelassen.

31. EINSen haben Schwierigkeiten, ihre Talente zu akzeptieren. 1 Kor 12,4–11: Paulus betont, daß alle Gaben von Gott stammen.

32. EINSen sind eifersüchtig. 1 Kor 13,4: Die Liebe ist nicht eifersüchtig.

33. EINSen geizen mit ihrer Zeit. Mk 6,30–34: Jesus sucht die Einsamkeit, erlaubt aber der Menge in ihrer Not, seine Person und Zeit zu beanspruchen.

Beschenktsein, über das man sich freuen kann und das man im Gebet verstärken soll

1. EINSen sind sehr idealistisch. Sie wünschen sich eine Welt, in der Wahrheit, Liebe und Gerechtigkeit herrschen. Mt 5,1–12: Die Seligpreisungen.

2. EINSen versuchen, die Dinge gut zu machen. Phil

3, 7–16: Paulus beschreibt sein Streben nach Vollkommenheit in Christus.

3. EINSen sind gewissenhaft, aufrichtig und fair. Sie haben einen starken Sinn für Fairneß und sind ganz aufrichtig in ihrer Rede. Mk 3, 1–6: Jesus heilt den Mann mit der verdorrten Hand.

4. EINSen können andere inspirieren. Sie sind mit einer göttlichen Ruhelosigkeit ausgestattet, die sie dazu antreibt, Gutes zu tun. Phil 2, 1–5: Paulus drängt zur Einheit in Liebe und Demut.

5. EINSen sind begnadete Führungspersönlichkeiten. Mk 10, 35–45: Jesus beschreibt das Führen als Dienst und nicht als das Einnehmen des ersten Platzes.

6. EINSen sind gute Lehrer. Sie besitzen ein gutes Gespür. Joh 4, 1–42: Jesu Umgang mit der samaritanischen Frau.

7. EINSen können Kritik üben und nennen das, was wirklich falsch ist, beim Namen. Mk 7, 1–13: Jesus kritisiert die Traditionen der Pharisäer.

8. EINSen können herausfordern und anregen. Mk 11, 15–19: Die Tempelreinigung.

9. EINSen finden zur Gelassenheit, wenn sie bekehrt sind. 2 Kor 12, 7–10: „Laß dir an meiner Gnade genügen."

10. EINSen erkennen die Begabungen von anderen und fördern sie. Mk 1, 16–20: Die Berufung der Jünger.

11. EINSen sind mit viel Energie und Kraft gesegnet. Mk 1, 14–34: Der erste, beispielhafte Tag von Jesu Sendung.

12. EINSen sind gute Missionare und Prediger/innen. 1 Tim 4, 12–16: Paulus drängt Timotheus, die Gabe des Geistes neu zu entfachen.

13. EINSen haben die Gabe der Ausdauer. Mt 10, 17–25: Die Bedrängnisse der Jünger. Der Geist wird durch sie sprechen.

14. EINSen haben einen Sinn für Treue. Joh 10,1–18: Jesus, der gute Hirte, gibt sein Leben für die Seinen.

15. EINSen sind fest und nüchtern. Lk 9,51–56: Jesus tadelt die „Donner-Söhne", die Feuer vom Himmel herab auf die ungastliche samaritanische Stadt rufen wollen.

16. EINSen haben einen starken Sinn für Gerechtigkeit und Nächstenliebe. Mi 6,8: Gott will Gerechtigkeit, Güte und Ehrfurcht.

17. EINSen verteidigen die Niedergeschlagenen und die gemeinsame Sache. Lk 4,16–22: In Nazaret beschreibt Jesus seine Sendung als „Gute Botschaft für die Armen".

18. EINSen sind altruistisch. Lk 9,10–17: Jesus heilt und nährt die Menge mit Brot.

19. EINSen haben hohe Prinzipien. Gal 2,11–21: Paulus tritt Petrus entgegen, weil dieser nicht mit Heiden ißt, und verkündet den Grundsatz vom Glauben an Jesus.

20. EINSen sind sensibel und haben die Fähigkeit, das Reale und das Ideale zu vermischen. Mt 15,21–28: Jesus reagiert positiv auf die dringende Bitte der kanaanäischen Frau, seine heilende Kraft über Israel hinaus auszudehnen.

21. EINSen haben einen Sinn für Perspektive, der sie befähigt, ein Problem oder eine Situation als ein Ganzes zu betrachten. 1 Kön 3,4–9: Salomos Bitte um ein hörendes Herz.

22. EINSen sind zuverlässig. Mk 1,40–45: Jesus will den Aussätzigen heilen und tut es.